# 1 Table des matières

## 2 Généralités

Participer au développement économique et social de ma localité d'origine a toujours été un rêve pour moi en tant que sénégalais de la diaspora. Donner du sens à l'entrepreneuriat individuel repose selon moi sur la pédagogie destinée à éveiller les consciences et à leur donner justement ces outils tant techniques que pédagogiques. L'expérience que j'ai acquise tout au long de ma vie professionnelle m'a permis d'être conscient du fait que l'éveil dont je parle doive être dirigé vers la recherche de solutions internes à l'Afrique et non de solutions transposées à partir de réalités extérieures complètement différentes et anachroniques.

Je suis convaincu que le développement de l'Afrique passera par le renforcement et la modernisation de son agriculture et de son industrie au sens large du terme.

L'objectif de ce projet s'inscrit donc dans cette vision d'un futur meilleur, en répondant à des besoins qui sont restés non satisfaits à ce jour. Mon ambition est de répondre aux besoins des éleveurs de bétail et ceux des consommateurs en général en pratiquant des prix très abordables.

Dans un premier temps, je présenterai le projet dans son ensemble en parlant un peu plus de mes motivations et de mes attentes. Je terminerai ensuite en le divisant en 3 grandes phases :

- Une phase 1 que j'intitulerai **« Analyse contextuelle et problématique fondamentale de l'entreprise »** où j'aborderai la problématique générale de l'entreprise ainsi que les enjeux auxquels elle est confrontée.

- Une phase 2 intitulée **« Stratégies possibles et choix »**. Cette phase nous plonge dans l'univers des réponses possibles à notre problématique.

- Une phase 3 intitulée **« Mise en œuvre de la stratégie retenue »**, où je mettrai en lumière le chiffrage des plans d'actions ainsi que les prévisions à court moyen et long terme.

## 2.1    Contexte du projet

Depuis plus de vingt ans, au Sénégal, les conditions climatiques rudes ont fini d'altérer de façon durable le tissu économique national en général, et celui des zones rurales en particulier, plus touchées à cause de leur manque d'activités économiques pérennes et de grande échelle.

Face à cette situation quasi-intenable, les populations des zones rurales sont confrontées aux défis de l'exode massif vers la capitale. Une bonne partie de ces exilés climatiques et économiques, les jeunes en particulier, tentent l'émigration clandestine vers les contrées d'Europe considérées comme le refuge par excellence contre la misère.

Cependant, il existe dans ces zones rurales des ressources importantes et un potentiel d'exploitation considérables, car les sols y sont fertiles et le bétail en grand nombre. Dans le cadre de la politique d'aménagement du territoire et de réalisations d'infrastructures destinées à renforcer la viabilité et le dynamisme du secteur de la production végétale et animale, l'État du Sénégal mobilise l'ensemble des institutions administratives, techniques et financières pour accompagner les porteurs de projets agricoles. L'objectif est de permettre à ce secteur de contribuer de manière significative au PIB national et d'endiguer la pauvreté rurale.

L'agriculture au Sénégal constitue le pilier fondamental de l'économie nationale. En effet, près d'un tiers des ménages tirent leurs principales sources de revenus de ce secteur-clé qui malheureusement, ne bénéficiait pas d'un accompagnement public considérable. En effet, avant l'année 2005, peu d'investissements avaient été consentis par l'État du Sénégal pour soutenir ce secteur abandonné au profit d'autres secteurs jugés plus porteurs et ne dépendant pas des aléas pluviométriques. Par ailleurs, les changements climatiques (pluviométrie décadente, appauvrissement et surcharge chimique des sols, désertification...) ont eu des effets négatifs sur la quantité et la qualité des productions disponibles aussi bien pour l'alimentation humaine que celle destinée au bétail. L'extension des surfaces agricoles s'ajoute à ce phénomène contraignant ainsi les éleveurs à parcourir des kilomètres à la recherche de pâturages.

Le Ministère de l'élevage a mis en place un programme de soutien à la filière en promouvant « l'herbe à éléphant », appelé aussi *Pennisetum purpureum*, néma ou maralfalfa qui devient de plus en plus une alternative sérieuse aux aliments industriels et un rempart contre les effets des sécheresses récurrentes. C'est dans ce contexte, et pour contribuer au dynamisme économique rural et à la lutte contre les phénomènes migratoires forcés, que je souhaite mettre en œuvre dans ma localité un projet intégré d'exploitation agricole. Outre la réussite fulgurante de ce projet, un de mes objectifs à moyen terme est de faire de cette exploitation un modèle économique et social reproductible dans toutes les zones d'activités agricoles prioritaires du Sénégal.

## 2.2    Environnement général du projet

Le projet est implanté au Sénégal, dans la localité de Boulal qui est située en zone sylvopastorale (zone où la pluviométrie est très faible. On y pratique un élevage extensif et transhumant) nord, dans le département de Linguère et dans la région de Louga. Je dispose d'un terrain clôturé de quatre (04) hectares dans cette commune de plus de 15.000 habitants (en 2021)[1].

Boulal est situé à 20 km environ de Dahra (département de Linguère, région de Louga) une commune qui possède actuellement l'un des plus grands marchés hebdomadaires au Sénégal. Le département est une zone qui dispose de grands pâturages, quand la pluviométrie est bonne ainsi que

---

[1] Agence Nationale de la Statistique et de la Démographie (ANSD) Projection de la Population du Sénégal 2013-2025 POPTOT-SN-RGPHAE-2013

des ressources animales constituées de bovidés et d'ovidés pour une grande partie. L'accès aux centres urbains du département est facilité grâce à un réseau de transport qui assure des liaisons terrestres quotidiennes.

Boulal dispose d'un grand forage, d'un réseau électrique et téléphonique fonctionnels. Sa position géographique le place au centre de l'axe Louga, Dahra et Linguère qui constitue un grand pôle économique regroupant de grands marchés hebdomadaires. Cela constitue un atout majeur pour le commerce de denrées agricoles et de produits issus de l'élevage.

Sur le plan culturel, la zone est marquée par d'importantes manifestations religieuses qui ont lieu chaque année. Elles drainent un monde considérable et participent au dynamisme économique grâce à l'augmentation significative des flux commerciaux intercommunaux.

Sur le plan administratif Boulal fait partie de l'arrondissement de Sagatta Djoloff. Il dispose d'un Centre d'Enseignement Moyen, d'un poste de santé, d'un poste vétérinaire, d'une maison des jeunes et d'un hôtel communal.

## 2.3    Contexte personnel, et contraintes du projet

Étant originaire de ce village de Boulal, mon rêve a toujours été de rentrer pour y investir et participer au développement local, en m'appuyant sur mon expérience de plus de vingt ans, acquise en France dans les domaines de l'entrepreneuriat et de la gestion de projet.

Mon investissement personnel et mon amour pour l'agriculture et l'élevage m'ont permis d'avoir une expérience sur ces métiers considérés comme le point de départ de tout processus de développement d'un pays. Jusque-là, j'ai usé de mes moyens financiers propres pour développer mes activités agricoles. Mon ambition est de créer de la valeur et d'ouvrir les portes de l'emploi pérenne et décent à des centaines de jeunes et de femmes sans emplois à partir de 2023.

Les contraintes du projet résident dans le fait que nous nous trouvons dans l'une des zones les plus arides du Sénégal et qu'il n'existe pour le moment aucune infrastructure publique qui nous permet d'accéder à de l'eau en abondance. Nous sommes contraints de creuser un forage dans la ferme pour bénéficier de la gratuité et de l'autonomie en eau. Autrement, nous serons obligés de nous raccorder au réseau municipal d'adduction d'eau potable. A cela, s'ajoutent des contraintes d'approvisionnement en provende destinée à nos poules pondeuses. Au Sénégal, le prix de la provende destinée à la volaille est largement tributaire des soubresauts de la géopolitique internationale avec ses lots de crises et d'intérêts divergents. Les matières premières utilisées pour la production d'aliments de volaille (maïs, blé, soja…) sont malheureusement importées, nous rendant complètement dépendants. Enfin, sur le plan financier, le projet nécessite un investissement majeur, tant au niveau technique et humain qu'au niveau financier.

## 2.4    Fonctions et atouts dans le projet

### 2.4.1    Mes fonctions dans le projet

Je mettrai en place une Société par Actions Simplifiées dans laquelle j'occuperai la fonction de président. Cela me permettra de décliner ma vision de l'entreprise sur le moyen et le long terme. Je déléguerai la gestion des tâches quotidiennes aux deux membres de ma famille qui travaillent déjà pour moi.

### 2.4.2    Mes atouts dans le projet

J'ai la chance d'avoir accumulé beaucoup d'expérience pour pouvoir mener ce projet jusqu'à son terme. En plus des compétences que je suis en train d'acquérir dans ma formation GEMBA à l'IFG, j'ai fait une formation en entrepreneuriat à la chambre de commerce de La Rochelle en 2005. L'expérience que j'ai acquise ces dernières années d'exercice dans l'informel m'ont permis de maîtriser la chaîne de valeur agricole au Sénégal et de maîtriser également les produits de consommation destinés au marché régional.

# ANALYSE CONTEXTUELLE ET PROBLÉMATIQUE FONDAMENTALE DE L'ENTREPRISE

## 3 Le cadre de référence fondamental

### 3.1 Le métier de l'entreprise

S'adonner à l'agriculture et à l'élevage n'est pas une mince affaire. En général, en Afrique, les métiers sont hérités des ancêtres. Chaque clan ou caste était prédisposé à un métier spécifique. Le fils de forgeron sera forgeron tandis que le fils d'agriculteur restera agriculteur comme ses parents qui ont hérité de la pratique des parents de leurs parents.

Le monde évolue cependant, les chocs interculturels aidant. Et nous voilà au 21$^e$ siècle où le monde est devenu un village interconnecté qui a fini de chambouler l'ordre établi. Je suis issu d'une famille de commerçants et pour moi l'agriculture et l'élevage sont deux domaines complémentaires qui sont en étroite collaboration avec le commerce, puisqu'il faut trouver un marché pour écouler sa production.

La zone sylvopastorale dont je suis issu est très aride en saison sèche et la problématique de l'alimentation du bétail et de l'accès à certains produits « exotiques » ont bercé toute notre enfance. Acheter du « ripass » (granulés destinés à l'alimentation du bétail) n'était pas, et n'est toujours pas, à la portée de toutes les bourses. Dans un coin de ma tête, il y a toujours eu ces idées éparses de trouver la solution à toutes ces problématiques. L'entreprise que je créerai sera ainsi charger de formaliser et de concrétiser ces idées.

Notre métier consistera donc à :

- cultiver et commercialiser auprès des éleveurs, du fourrage destiné à leur bétail (vaches, moutons, chèvres, chevaux…)
- cultiver et commercialiser de la papaye auprès de la population

• élever des poules pondeuses et commercialiser leurs œufs auprès du grand public et des professionnels

L'actionnariat est composé à 100 % par mon apport personnel. Je n'exclus pas d'intégrer des partenaires dans la structure juridique de la future société.

## 3.2    Les finalités de l'entreprise

Comme toute entreprise dans le système capitaliste, la mienne a pour finalités économiques de créer de la richesse et des profits pour assurer non seulement sa survie, mais aussi participer à la dynamique sociale par le financement de projets communautaires portés par les citoyens de la commune de Boulal. J'ambitionne de créer une entreprise qui offre un cadre d'épanouissement à ses salariés au-delà de ses obligations contractuelles.

### 3.2.1    Les valeurs et l'éthique de l'entreprise

Les valeurs qui m'animent et que je vais insuffler dans mon entreprise sont inspirées de mon vécu et de ce que nous pouvons appeler « l'école de la vie ». Au cours de ces années passées, j'ai acquis une expérience très enrichissante et très inspirante et c'est pourquoi je vais accentuer le management autour de 3 valeurs fondamentales que sont :

• Le Respect et l'intégrité : il s'agit de respecter nos collaborateurs, nos clients, nos fournisseurs ainsi que toute partie prenante dans nos activités quotidiennes. J'attache une importance particulière au principe d'intégrité qui constitue le socle d'une gouvernance participative, gage de réussite et d'engagement.
• L'audace : l'idée est de valoriser la force de proposition de nos collaborateurs en favorisant l'innovation, la recherche constante d'amélioration et de nouveaux défis.
•

- La bienveillance : elle permet de créer un climat de confiance, de sécurité et d'entraide mutuelle.

Ces valeurs constituent le socle sur lequel repose notre culture commune d'entreprise que tout collaborateur se doit de respecter. Je ne voudrais pas d'un décalage entre nos valeurs affichées et la réalité sur le terrain.

### 3.2.2    La vision de l'entreprise

Notre mission dans les cinq prochaines années est d'être le leader principal dans la production et la livraison de fourrage pour le bétail de toute la région de Louga, capitale de la zone sylvopastorale du Sénégal.

Dans 3 ans, j'ambitionne également de devenir le principal producteur de papaye de la région et de fournir ce fruit partout au Sénégal, avant de commencer, dans 5 ans, à exporter en Gambie et en Mauritanie ainsi qu'en France. Ma vision à long terme est de faire partie des plus gros exportateurs africains de papaye en Europe.

Sur le plan financier et managérial, mon objectif principal sera de renforcer notre autonomie financière grâce à une rentabilité pérenne et d'assurer également l'autonomie des employés dans la gestion quotidienne des activités de l'entreprise. Même si mon objectif à moyen terme est de rentrer au Sénégal et de gérer pleinement les activités de l'entreprise, le pilotage à distance que je suis en train de faire nécessite la délégation de fonctions et la responsabilisation des employés. Pour cela, leur autonomie aussi bien professionnelle que managériale est plus que nécessaire.

Enfin, je veux innover et organiser des partenariats avec des fabricants ou fournisseurs de matériels technologiques qui contribuent à la protection de l'environnement. Je veux créer une entreprise innovante et fortement orientée vers le développement durable et l'économie circulaire.

# 4 Segmentation stratégique : Les Domaines d'Activités

Notre ferme intégrée est composée de trois domaines d'activités stratégiques (DAS).

- **DAS 1 : Fourrage**
- **DAS 2 : Papaye**
- **DAS3 : Œufs**

**Chaque DAS est composé d'un seul produit.**

Ce choix d'associer l'agriculture et l'élevage découle de notre volonté de maîtriser la chaîne de valeur de nos produits et de favoriser aussi la gestion anticipée des coûts de production. Tout est produit sur place même si les matières premières (poussins, provende, semences) proviennent de l'extérieur. Étant donné la rareté du fourrage naturel due à une pluviométrie locale faible, la rareté des fruits charnus (les fruits secs sont largement consommés), notre activité sera d'une très grande utilité au niveau de l'alimentation, tant animale qu'humaine. En effet, nous pourrons ainsi proposer aux éleveurs de la région, de l'aliment de bétail à un prix très accessible ; offrir aux marchés de la région, de la papaye qui constitue un fruit très prisé, mais difficilement accessible au consommateur moyen ; vendre des œufs de table aux professionnels de la restauration mais, également à l'ensemble de la population. L'un des aspects très importants de ce projet réside aussi dans le fait qu'il intègre beaucoup de jeunes et de femmes qui constituent des populations assez vulnérables économiquement. Le projet participe grandement à la lutte contre l'exode rural et à la promotion d'activités créatrices de revenus pour les femmes, mères au foyer pour la plupart. Tout ceci participe au choix de nos cibles.

## Matrice couples produits/clients et leurs parts dans le chiffre d'affaires total

| % Chiffre d'affaires | Éleveurs | Commerçants Revendeurs | Particuliers Ménages Institutions | Total |
|---|---|---|---|---|
| DAS 1 | 10% | 5% | 2% | 17% |
| DAS 2 | - | 40% | 6% | 46% |
| DAS 3 | - | 30% | 7% | 37% |
| Total | 10% | 75% | 15% | 100% |

## 4.1 Le DAS1 - Fourrage

| | Clients | Part CA global | Attentes clients | Facteurs Clés de Succès | Typologie |
|---|---|---|---|---|---|
| DAS1 | -Eleveurs<br>-Particuliers<br>-Ménages<br>- Commerçants<br>-Revendeurs | 17% | -Qualité nutritive<br>-Délai de livraison court<br>-Fourrage accessible toute l'année<br>-Facilités de paiement<br>-Accès à l'information prophylactique | -Sélection des meilleures semences<br>-Logistique efficiente<br>-Maîtrise des techniques de conservation<br>-Force de vente dynamique<br>-Marketing efficace<br>-Partenariat services vétérinaires<br>-Facilités de paiement pour les revendeurs<br>-Contrat d'exclusivité géographique<br>-Interlocuteur dédié | BO |

Le fourrage proposé est le Maralfalfa qui est une plante très fortement sélectionnée dont la productivité est maximale dès la première année et peut atteindre 200 tonnes de matière sèche à l'hectare à l'état vert et en fonction de la disponibilité en eau. Sa valeur alimentaire varie entre 0,5 et 0,7 UF[2], 50 à 60 g de MAD[3] par kg.MS[4]. La disponibilité des boutures de Maralfalfa à travers les services de l'élevage, les exploitants se trouvant à Dakar, dans la zone des Niayes et à Mboro est un des atouts qui font que la

---

[2] Unité Fourragère utilisée par l'INRA (Institut National de la Recherche Agronomique en France) pour déterminer la valeur énergétique d'un fourrage.
[3] Matières Azotées Digestibles, correspondent à la quantité de protéines utilisée par l'animal
[4] Matière Sèche (matière brute du fourrage moins la teneur en eau)

production de fourrage durant l'année est bien possible dans la zone. La première fauche a lieu au bout de 3 mois. Ensuite, la fauche se fait tous les 2 mois avec des rendements d'au moins de 30 tonnes par ha en année 1 et de 40 tonnes par ha en année 2 et pendant au moins une quinzaine d'années correspondant au cycle végétatif de la plante.

## 4.2 Le DAS2 - Papaye

| | Clients | Part CA global | Attentes clients | Facteurs Clés de Succès | Typologie |
|---|---|---|---|---|---|
| DAS2 | - Commerçants<br>-Ménages<br>-Particuliers<br>-Supermarchés<br>-Revendeurs | 46% | -Qualité du fruit<br>-Délai de Livraison court<br>-Disponibilité du fruit<br>-Facilités de paiement<br>-Prix abordable | -Bonne sélection des semences<br>-Réseau de distributeurs dynamiques<br>-Système de conservation efficace et aux normes<br>-Prix compétitif<br>-Possibilité de vente à crédit pour les revendeurs fidèles | BO |

En raison du transport et de la commercialisation, les variétés dites améliorées qui présentent une peau épaisse, un goût assez aromatisé et une couleur de la pulpe orange ou rouge, sont recherchées. Les plants seront commandés et achetés au niveau de la zone des Niayes. Le papayer est une plante non ramifiée (et non un arbre, car son tronc ne contient pas de bois) à feuilles persistantes. Originaire d'Amérique tropicale, son nom scientifique est ***Carica papaya***. Le papayer pousse rapidement, produisant des fruits en moins d'un an. Il fleurit continuellement, sauf durant les périodes de sécheresse sévère.

## 4.3     Le DAS3 - Œufs

| | Clients | Part CA global | Attentes clients | Facteurs Clés de Succès | Typologie |
|---|---|---|---|---|---|
| DAS3 Œufs | -Commerçants -Restaurateurs -Ménages -Associations religieuses -Revendeurs | 37% | -Œufs frais et bien calibrés -Livraison rapide -Facilités de paiement pour les revendeurs -Disponibilité continue | -Hygiène du poulailler -Stockage performant -Points de revente livrés en flux continu -Prix compétitif -Crédit pour les revendeurs -Planning de livraison | BO |

En ce qui concerne la production d'œufs de consommation, des poulettes prêtes à pondre (5 à 6 mois) seront achetées. La race choisie sera la Leghorn qui est une race méditerranéenne d'origine italienne. Elle est une bonne pondeuse : 280 à 300 œufs/poule/an. Les poulettes seront commandées au niveau des couvoirs pour non seulement éviter les pertes durant la phase d'élevage des poussins, mais aussi favoriser l'entrée en ponte dès leur installation.

## 4.4     Les facteurs clés de succès

La maîtrise des connaissances agronomiques ainsi que l'acquisition de compétences commerciales et marketing constituent des facteurs clés de succès dans la gestion quotidienne de mon projet. Connaître les techniques d'élevage ainsi que des notions en prophylaxie constitue également un facteur de succès considérable. Cela demande de la polyvalence, de l'organisation pour être capable de planifier des tâches quotidiennes et de gérer les animaux dans des conditions optimales. Il faut du savoir-faire et de l'expertise dans l'identification de toutes les problématiques liées à la gestion quotidienne des bêtes et de la production du fourrage. Il faut être rigoureux dans le contrôle de l'hygiène des poulaillers afin de préserver les poules contre les nombreuses maladies virales aviaires capables de décimer l'exploitation entière (Coccidiose, gumboro, Newcastle etc.). La capacité technique matérielle et humaine à approvisionner le marché dans des délais courts et une bonne capacité de stockage et de conservation des produits.

## 5 Univers des influences (PESTEL) général

### 5.1    Analyse de l'influence Politique

L'État du Sénégal a mis en place une politique de soutien aux revenus des agriculteurs et des éleveurs de bétail. *« La ministre de l'Elevage et des Productions animales, Aminata Mbengue Ndiaye, a remis, hier, un lot de matériels agricoles à l'Association nationale pour l'intensification de la production laitière (Anipl).*
*Ces équipements, subventionnés à hauteur de 60 % par le gouvernement, vont permettre à ces professionnels du lait de développer la culture fourragère pour faire face à la raréfaction de l'aliment de bétail.*
*Une nouvelle donne appelle toujours une adaptation voire un changement d'habitudes. Face aux effets du changement climatique dont l'une des conséquences est la raréfaction de l'aliment de bétail, les acteurs du secteur de l'élevage sont appelés à trouver d'autres moyens pour nourrir leur cheptel. Et l'une des solutions à ce problème reste la culture et la constitution de réserves fourragères. C'est dans ce sens qu'il faut comprendre la remise, hier, de matériels agricoles à l'Association nationale pour l'intensification de la production laitière (Anipl) par le ministère de l'Elevage et des Productions animales. »*[5]

---

[5] *Elhadji Ibrahima Thiam Le Soleil 29 janvier 2018 All Africa, Inc. Document AFNWSF0020180129ee1t00061*

Le Sénégal est soutenu par l'Union européenne dans sa politique agricole. L'avènement des fermes agricoles intégrées et surtout villageoises s'est accéléré ces dernières années. La volonté du Sénégal de lutter contre l'émigration clandestine a trouvé un écho favorable auprès de coopérations bilatérales européennes, qui financent des centaines de projets communautaires dans le but de fixer les populations dans leurs localités d'origine et de s'y adonner à des activités productrices de revenus. En guise d'exemple, la ferme *« Nataangué », dans la commune de Taif-Baila au centre du Sénégal a été « réalisée dans le cadre du Projet d'appui à la réduction de la migration à travers la création d'emplois ruraux au Sénégal (Pacersen), dans sa composante mise en œuvre de la Coopération italienne, pour un financement de 20 millions d'euros (13 milliards de F CFA), cette ferme vise à lutter contre la migration irrégulière ».* [6]

La stabilité politique du Sénégal s'est avérée au fil des décennies après les indépendances, alors que la plupart des pays nouvellement indépendants en Afrique subissaient des guerres civiles à n'en plus finir. « L'exception sénégalaise » fait face malgré tout, à des manquements au sein de l'administration et dont les enjeux impactent non seulement l'économie du pays, mais handicapent lourdement les générations futures. La corruption administrative est un fléau que même le gouvernement du Sénégal n'a les moyens d'endiguer. Des choix politiques clairs et ambitieux doivent être faits afin que l'environnement politique impacte durablement et de façon positive, la situation économique, sociale et environnementale.

## 5.2    Analyse de l'influence économique

---

[6] Mamadou Dièye, Journal Le Soleil, 3 avril 2021 Factiva SSPP LE SOLEIL Doc LSOLEL0020210403eh430005m

Au Sénégal, l'environnement économique est en très forte dépendance à l'environnement politique. Le tissu économique sénégalais subit de grands bouleversements avec l'investissement massif de l'État dans les services de transports et de la mobilité urbaine. Depuis l'avènement de la crise du Covid 19, l'État soutient l'économie en mettant davantage de moyens dans l'accompagnement à l'entrepreneuriat dans les secteurs dit porteurs que sont l'agriculture et l'agrobusiness, l'économie numérique, les mines, la santé, le riz et le tourisme. Beaucoup d'agences nationales ont été créées dans le but de favoriser l'émergence théorisée dans le cadre du Plan Sénégal

Émergent. Il s'agit de :

- Le FONGIP (fonds de garantie des investissements prioritaires)
- Le FONSIS (fonds souverain d'investissements stratégiques)
- La BNDE (banque nationale pour le développement économique)
- La DER FJ (délégation générale à l'Entrepreneuriat rapide des femmes et des jeunes)
- La Banque agricole
- La Compagnie nationale agricole du Sénégal
- La mutuelle des éleveurs du Sénégal.

Tous ces dispositifs de financement et d'encadrement ont été créés dans le but de favoriser l'investissement privé et surtout celui des Sénégalais de la Diaspora, des femmes et des jeunes. L'environnement économique fait l'objet d'une attention particulière du gouvernement du Sénégal.
Malgré son fort potentiel de développement, le secteur de l'élevage ne présente que 3.6 % du PIB du Sénégal. [7] C'est pourquoi la volonté des autorités

---

[7] ANSD (Agence Nationale de la Statistique et de la démographie, édition 2017-2018 (https://www.ansd.sn/ressources/publications/11-SES-2017-2018_Elevage.pdf)

sénégalaises est ferme dans le sens de l'exploitation de ce potentiel. En témoigne cette phrase du président Macky Sall pendant son allocution du 28/11/2021 lors du forum de l'élevage à Dahra (20 km de Boulal, localité où se trouve mon projet) : *« La combinaison de l'investissement public avec le financement privé constitue un levier clé pour la réalisation de notre vision : un élevage attractif pourvoyeur d'emplois... le besoin d'accorder une attention particulière à la culture fourragère sur l'étendue du territoire... »*[8]

Il faut préciser que depuis 2005, le Sénégal interdit l'importation de viande de poulet afin de protéger les éleveurs locaux qui constituent une part importante de l'auto-salariat au Sénégal.

Cependant, l'insuffisance du budget de l'État alloué à l'agriculture et à l'élevage, la politisation des agences de financement de projets agricoles, le manque de vision de politique pour asseoir une économie pérenne sont autant de facteurs négatifs qui plombent l'envol économique du pays.

### 5.3  Analyse de l'influence socio-culturelle

Sur le plan sociologique, l'état d'esprit d'entrepreneur n'est pas une exception en Afrique en général et au Sénégal en particulier. C'est la règle presque générale au Sénégal. Il n'est pas rare de trouver un poulailler, un enclos, une boutique de quartier appartenant à un enseignant ou un fonctionnaire de l'État. Il faut dire que le modèle de l'entreprise sénégalaise et africaine en général est particulier et très spécifique. L'entrepreneuriat est encouragé par l'État qui y voit un moyen supplémentaire de se « débarrasser » de charges financières mensuelles abyssales destinées au paiement des salaires de ses fonctionnaires. La mise en place de programmes de formation des acteurs de la filière agricole dans son ensemble s'est multipliée ces dernières années. A Louga, 20 jeunes

---

[8] Agence de Presse Sénégalaise 29 novembre 2021 AllAfrica, Inc. Doc AFNWSF0020211129ehbt0003x

ont été formés en 2019 par l'Agence Nationale de la Promotion de l'Emploi des Jeunes (ANPEJ) en collaboration avec l'agence de coopération allemande GIZ. La population sénégalaise est très impliquée dans l'économie nationale grâce au statut informel d'une bonne partie des activités économiques auxquelles elle s'adonne.

A part les entreprises étrangères qui fonctionnent avec un modèle de gestion basé sur les théories de gestion occidentales, la plupart des entreprises au Sénégal fonctionnent selon le modèle de l'entreprise frugale et agile. « … dans le cas de l'entreprise africaine, telle que décrite, c'est-à-dire celui de la petite entreprise dans laquelle il n'y a pas séparation entre propriété et pouvoir, qui est « encastrée » dans un environnement source de droits et d'obligations, le modèle est configuré compte tenu des pratiques culturelles inhérentes au contexte. Ces entreprises appartiennent généralement à leur créateur. Elles peuvent s'agrandir et devenir « managériales ». Elles le deviennent lorsque le fondateur est secondé par un proche, ou remplacé par un proche lors de sa disparition. La gestion courante est alors assurée par le nouveau manager, mais le contrôle du propriétaire, ou de la famille, ou du clan, demeure. » [9]

Le gouvernement ambitionne de réduire les petites exploitations pour favoriser les regroupements de producteurs au sein d'entités économiques structurées et en règle vis-à-vis des obligations sociales et de la fiscalité. Face à la hausse constante du prix de la viande bovine, la demande en viande de volaille s'est accélérée depuis que l'État a favorisé et encadré les producteurs avicoles locaux.

Il est à noter cependant, qu'il existe beaucoup de freins sociologiques à l'essor économique du pays. On peut citer parmi tant d'autres, la fatalité religieuse et le culte de la spiritualité qui favorisent le refuge derrière la

---

[9] L'entreprise africaine frugale et agile : La théorie des organisations revisitée. CAUSSE, GENEVIÈVE ; BIWOLÉ-FOUDA, JEAN :
Source : Revue Française de Gestion. May2020, Vol. 46 Issue 289, p119-142. 24p.

religion plutôt que d'affronter la réalité du sous-développement pour mieux le combattre.

## 5.4    Analyse de l'influence technologique

Le Sénégal s'est inscrit depuis quelques années dans la création d'un environnement technologique moderne et répondant à tous les critères des standards internationaux. A cet effet, un ministère de l'Économie numérique a été créé dans le but d'exécuter ce volet inscrit dans les priorités du PSE (Plan Sénégal Émergent). Le secteur numérique a une croissance annuelle supérieure à 20 %.

Le Sénégal dispose de plateformes applicatives assez diverses et qui offrent divers services aux investisseurs comme moi. On peut citer :

• Des solutions financières à travers le transfert d'argent et le paiement électronique ;

• Des solutions de micro-business destinées aux micro-assurances de santé et assurant la gestion intégrée des réseaux de distribution.

• Différentes opportunités sectorielles existent dans la filière au Sénégal, notamment :

• Le Business Process Outsourcing (BPO) ou externalisation des processus métiers d'une entreprise (Relation Client, Télé saisie, Traitement de données, etc.) ;

• L'Ingénierie Informatique (Tierce Maintenance applicative, Intégration de systèmes, Développement d'applications spécifiques, Mobile Banking etc.) ;

• Le Centre de contact (Télémarketing, Hotline, Support technique à distance etc.) ;

• Le Parc des Technologies Numériques (PTN) : Aménagé, sur un site fermé de 25 hectares situé dans le Pôle urbain de Diamniadio, la première et très grande plateforme régionale de promotion de l'innovation et du développement de services numériques, créatrice d'emplois

• Des Pôles d'activités Numériques (Dipôles) : sur tout le territoire national, avec une phase pilote dans les Universités de Dakar, Thiès, Saint-Louis, Bambey et Ziguinchor.

Des menaces pèsent cependant sur l'univers technologiques avec la hausse croissante de la cybercriminalité économique. En effet, il existe une pléthore d'individus constituée de hackers, de crackers et d'escrocs financiers regroupés en associations de malfaiteurs et qui sévissent au quotidien. Les services de lutte contre cette criminalité ne sont malheureusement pas dotés de moyens humains, techniques et financiers suffisant pour mener à bien la lutte contre ces gangs de malfaiteurs.

## 5.5    Analyse de l'influence écologique

La situation écologique et environnementale au Sénégal est marquée par l'absence d'une pluviométrie abondante dans toute la moitié nord du pays, zone où se situe mon projet. Les récoltes sont dépendantes de cette pluviométrie qui se raréfie d'année en année. Le pâturage souffre également de cette dépendance. A cela, il faut ajouter l'impact des produits chimiques destinés à la fertilisation des sols et dont les impacts écologiques ne sont toujours pas bien identifiés à ce jour. C'est un défi énorme auquel les acteurs du secteur agricole sont confrontés, car l'enjeu est de combiner rendement et protection de l'environnement. « L'agriculture doit s'engager d'urgence sur des voies plus respectueuses de l'environnement... Il est plus que jamais urgent d'engager l'agriculture sur d'autres voies respectueuses de l'environnement et de la santé »[10]. L'utilisation massive de ces produits chimiques constituent une menace que même les autorités de l'État ne peuvent résorber. Face à cette situation environnementale, il me paraît nécessaire de miser sur l'usage d'engrais naturelle ou testé comme non-nocif à l'environnement.

Malgré tout, les autorités étatiques sont à pied d'œuvre de l'engagement pris de lutter contre la dégradation des structures écologiques naturelles. Cet engagement a favorisé la signature de protocoles entre la FAO et les organisations professionnelles agricoles partenaires, dans la mise en œuvre du projet ''promotion d'une

---

[10] http://www.aps.sn/articles.php?id_article=136375

agriculture saine et durable au niveau de quatre grandes zones agroécologiques du Sénégal : Niayes, Vallée du fleuve Sénégal, zone cotonnière et bassin arachidier"[11].

## 5.6    Analyse de l'influence légale

Le PSE (Plan Sénégal Émergent) a fortement contribué à l'assainissement juridique du cadre des affaires. L'ambition du gouvernement du Sénégal est d'attirer les investisseurs étrangers tout en accordant une place de choix aux Sénégalais de la Diaspora désireux d'investir dans leur pays. L'environnement des affaires au Sénégal est gangréné cependant par la corruption administrative qui constitue un fléau contre lequel le gouvernement lutte de plus en plus avec fermeté, car l'objectif est de faire du Sénégal le premier pays africain capteur d'investissements étrangers. « Nous avons entamé ce processus, nous allons le poursuivre en améliorant les procédures, en développant la dématérialisation, en travaillant pour que la corruption soit combattue dans nos services, pour que les investisseurs privés ne soient pas bloqués parce qu'ils n'auront pas agi d'une certaine manière dans tel ou tel dossier », avait dit le président Macky Sall lors du Forum des investisseurs privés nationaux et internationaux organisé par l'Etat du Sénégal en juin 2014 à la Chambre de commerce et d'industrie de Paris. Ce forum s'est tenu au lendemain du Groupe consultatif qui avait permis au Sénégal d'obtenir des engagements de financement de 6 milliards d'euros pour des objectifs initiaux de 2 milliards d'euros.

---

[11] https://www.fao.org/senegal/actualites/detail-events/es/c/293382/

# 6 Univers des influences par DAS

## 6.1 Le DAS 1 : Fourrage

### 6.1.1 Analyse PESTEL du DAS Fourrage

| FOURRAGE | Opportunités | Menaces |
|---|---|---|
| Politique | ▪ Forte implication de l'État dans la culture fourragère<br>▪ Appui de la FAO[1] pour soutenir la politique agricole du Sénégal<br>▪ Subvention de matériels agricoles destinés à la culture fourragère | ▪ Manquements au sein de l'administration<br>▪ La corruption administrative<br>▪ Clientélisme politique |
| Economique | ▪ Diminution des coûts de l'aliment du bétail<br>▪ Augmentation des revenus des éleveurs et de leur pouvoir d'achat | ▪ Insuffisance du budget de l'État alloué à l'agriculture et à l'élevage<br>▪ Politisation des agences de financement de projets agricoles |
| Sociologique | ▪ Diminution de la transhumance<br>▪ Réduction des conflits entre agriculteurs et éleveurs<br>▪ Regroupements des producteurs en coopératives<br>▪ Amélioration nutritionnelle pour le bétail | ▪ Difficulté pour beaucoup d'agriculteurs à produire pour les animaux à la place des humains<br>▪ Freins psychologiques de certains éleveurs à préférer l'aliment industriel au fourrage |
| Technologique | ▪ Surveillance des cultures par drone<br>▪ Applications numériques d'aide à la culture<br>▪ Outils digitaux de paiement des commandes de produits (Orange Money-Wave-Wari etc.) | ▪ Cybercriminalité en forte hausse<br>▪ Manque de moyens financiers pour les services de lutte contre la criminalité<br>▪ Connectivité faible dans la région |
| Écologique | ▪ Diminution des surcharges sur le couvert végétal et la restauration des sols<br>▪ Promotion d'une agriculture saine et durable<br>▪ Protection de l'environnement<br>▪ Manque de pâturages abondants et disponibles à l'année | ▪ Pluviométrie insuffisante dans toute la moitié nord du pays<br>▪ Produits chimiques non testés et utilisés comme engrais<br>▪ Pas de contrôle des effets de la pollution industrielle sur l'environnement |
| Legal | ▪ Projet d'assainissement juridique du cadre des affaires<br>▪ Facilités juridiques pour les Sénégalais de la Diaspora | ▪ Corruption administrative tenace |

### 6.1.2 Les 5 forces de PORTER du DAS Fourrage

## L'intensité concurrentielle = Risque faible

La culture fourragère est devenue une alternative de plus en plus sérieuse à l'aliment de bétail industriel. Il n'existe pas d'entreprises qui produisent ou commercialisent le fourrage à grande échelle dans la région de Louga. Le secteur du fourrage est en phase de décoller grâce aux dispositions prises par l'État du Sénégal pour le booster afin d'augmenter les performances de l'élevage. Le marché est très attractif, en pleine croissance et d'ampleur nationale. Il n'existe pas de concurrence avérée dans notre zone de chalandise. Nous avons identifié une femme qui s'adonne à la culture fourragère à Linguère qui est situé à 60 km de Boulal, mais elle le fait pour la consommation de son propre cheptel de bovins. En général, ceux qui s'adonnent à cette culture le font non pas pour la revente, mais pour leur consommation personnelle. Nous nous situons dans la capitale de l'élevage du Sénégal, mais il n'existe aucune industrie, aucune entreprise d'envergure qui produit et commercialise du fourrage destiné au bétail. Nous serons encore une fois pionniers dans ce domaine. Nous pouvons atteindre 100 % du marché si notre production le permet.

## Le pouvoir de négociation des fournisseurs = Risque faible.

Le pouvoir de négociation des fournisseurs est faible à cause de la pluralité des acteurs. En effet, nous nous approvisionnerons en semences et en boutures de Maralfalfa auprès des services de l'élevage. Il existe également des exploitants qui se trouvent à Dakar, dans la zone des Niayes et à Mboro, mais également dans le sud du Sénégal. Ceci constitue un atout qui fait que la production de fourrage durant l'année est bien possible dans notre zone sylvopastorale. Changer de fournisseur n'a généralement aucun impact sur notre activité.

Nous aurons la capacité de produire nous-même nos propres boutures de Maralfalfa. Ce fourrage ne nécessite pas autant d'eau que la papaye. Donc notre dépendance vis-à-vis du forage de Boulal n'est pas bloquante, surtout que nous projetons de creuser notre propre forage.

## Le pouvoir de négociation des clients = Risque faible.

Le fourrage représente 17 % du chiffre d'affaires global de l'entreprise. Les éleveurs représentent 58 % de cette valeur relative, les professionnels (commerçants et revendeurs) représentent 30 % et les ménages 12 %. Leur pouvoir de négociation reste très faible, à cause de la rareté du fourrage et de sa capacité à se substituer à l'aliment de bétail industriel. Nos clients se trouvent face à une situation qui les obligent soit à acheter l'aliment industriel plus cher soit à s'aligner sur nos exigences. Mais notre objectif étant de développer notre activité à travers la région et au niveau national dans le moyen terme, nous préférons organiser des partenariats gagnant-gagnant avec nos parties prenantes.

## La menace des nouveaux entrants = Risque moyen.

Il existe des barrières à l'entrée du marché de la production de plantes fourragères. L'accès à la propriété de surfaces agricoles reste hors de portée de beaucoup de porteurs de projets. Depuis que l'Assemblée nationale du Sénégal a adopté une loi contraignante pour l'accès à la terre agricole, cette barrière est devenue un frein à beaucoup d'initiatives privées. Ce projet de culture fourragère nécessite des investissements assez lourds en termes de matériels d'irrigation, de fauchage, d'entreposage, de logistique, etc. Mais l'État a instauré une politique d'incitation à la production de fourrage et cible en priorité les projets de grande envergure ou ceux impliquant des regroupements d'acteurs économiques locaux comme les coopératives. La menace des nouveaux entrants existe, même si elle est faible.

## La menace des produits de substitution = Risque moyen.

Malgré leur grande diversité (arachide fourragère, niébé fourrager, sorgho etc.), les plantes fourragères ne sont pas en mesure de satisfaire pour le moment l'ensemble des besoins fourragers du cheptel de la zone sylvopastorale. Les aliments en granulés proposés par les industries basées à Dakar sont des produits de substitution au fourrage naturel. Cependant, leur prix est plus élevé que le fourrage ; ce qui constitue un facteur dissuasif pour beaucoup d'éleveurs qui disposent de centaines ou de milliers de bêtes à nourrir au quotidien. Ces produits de substitution ont un avantage lié à un packaging compact qui facilite le transport et le stockage de l'aliment. Leurs compositions respectent en général les besoins nutritifs des animaux selon leur âge. Cependant, un de leurs gros inconvénients réside dans la quantité de céréales utilisés pour leur fabrication. L'avantage du fourrage est que sa production évite l'utilisation de ces céréales qui pourraient servir à l'alimentation humaine. Etant donné les défis alimentaires mondiaux et en Afrique plus particulièrement, le fourrage constitue la panacée. Ces produits de substitution constituent plus de 80 % du marché, mais le risque qu'ils éliminent le fourrage est très faible, vue la détermination de l'État du Sénégal à éradiquer notre dépendance externe en céréales et à favoriser la productivité interne dans tous les domaines.

### Le pouvoir de l'État = Risque faible.

La problématique économique des éleveurs du Sénégal a poussé l'État à adopter une politique économique protectionniste pour répondre à une demande sociale. En effet, depuis des années, les producteurs locaux ont été confrontés à la concurrence des produits importés qui, pour la plupart du temps, provenaient de pays européens dont les agriculteurs bénéficiaient de subventions de l'Europe. Cette concurrence déloyale a forcé l'État du Sénégal à protéger ses producteurs locaux en interdisant depuis le 24 novembre 2005, l'importation d'un certain nombre de produits, avicoles plus particulièrement. Outre cette politique protectionniste, l'État du Sénégal a mis en place des structures d'accompagnement des porteurs de projet et des acteurs économiques déjà présents sur le terrain. L'État joue donc un rôle prépondérant dans la réussite des projets comme le mien.

**Tableau récapitulatif des 5 forces de Porter +1 du DAS1 Fourrage :**

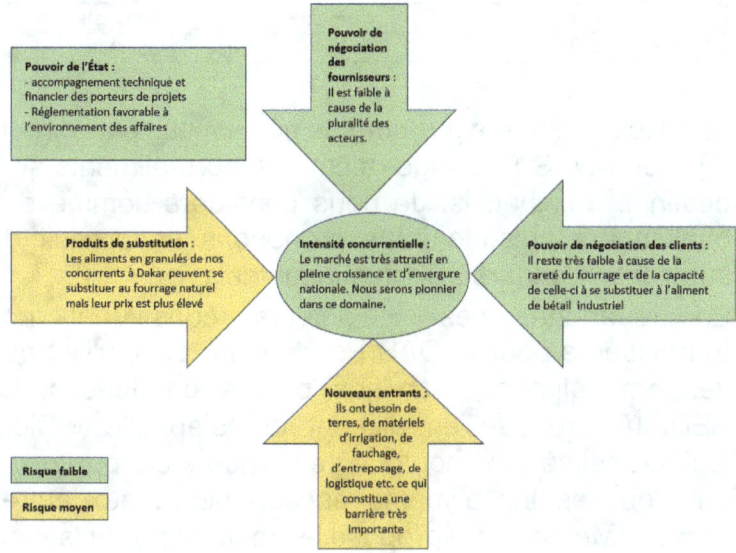

### 6.1.3  Analyse de l'offre du DAS Fourrage

Sur le marché de la fabrication d'aliments de bétail au Sénégal, il existe 2 grands principaux acteurs que sont la SEDIMA et NMA Sanders qui produisent à eux seuls plus de 80 % de l'aliment industriel pour le bétail. Ils ne sont pas dans directement dans notre zone de chalandise, mais ils ont des revendeurs qui se constituent des dépôts de stockage de leurs aliments qu'ils vont revendre aux éleveurs de notre zone de chalandise.

## Tableau comparatif [12]

|  | SEDIMA | NMA | Notre Fourrage |
|---|---|---|---|
| Produit phare | « Diour-gui » produits granulés oléagineux | « Khonte » produits granulés oléagineux | Herbe naturelle verte ou séchée |
| Prix | 11.45 € | 12.90 € | 6.10 € |
| Distribution | nationale | nationale | régionale |
| CA 2021 | 64 millions d'euros | 91 millions d'euros | 56.000 € |

Je ne les considère pas comme nos concurrents directs sur notre DAS Fourrage, même si leurs aliments sont destinés aux bétails. Je nous considère comme des challengers puisque nous proposons un produit de substitution à leurs aliments industriels.

En revanche, ces 3 acteurs constituent nos fournisseurs pour le DAS Pondeuses, puisqu'ils nous vendent l'aliment pour nos poules pondeuses. La SEDIMA propose un aliment qui s'appelle « Diour Gui », destiné aux moutons de la race « Ladoum » qui ont des besoins alimentaires supérieurs aux autres races. NMA Sanders propose les mêmes produits sous la marque « khonte » destinés aussi bien aux ovidés qu'aux bovidés.

Un des gros avantages concurrentiels que nous détenons par rapport à ces concurrents est que nous sommes implantés à proximité de notre clientèle et que notre fourrage est biologique, doté des bons nutriments et beaucoup moins cher que l'aliment industriel. L'offre de ces aliments industriels est très dynamique, mais elle est confrontée à un problème de régularité dans la distribution. Nos éleveurs cible se plaignent des retards de livraison, de problèmes de qualité récurrents et des prix très élevés. La cherté des aliments est liée aux coûts de transport de la capitale vers les régions et aux variations conjoncturelles des prix des matières premières importées (maïs, soja…) pour la plupart. Notre objectif est de nous engouffrer dans la brèche qui consiste à proposer aux éleveurs, le fourrage comme aliment de substitution. A part une femme qui fait dans

[12] Source : nos travaux de recherches (www.nma.com; www.sedima.com)

la culture fourragère destinée à sa propre consommation, il n'existe pas de gros producteurs de fourrage dans la région. Nous serons donc seuls sur le marché régional avec une longueur d'avance sur nos futurs gros concurrents.

### 6.1.4 Analyse de la demande du DAS Fourrage

Les éleveurs du centre et du nord du Sénégal sont confrontés à la rareté du pâturage pour nourrir leurs bétails. La saison des pluies (août-octobre) est la seule période de l'année où les troupeaux de bétail ont accès à l'alimentation gratuite que leur offre la nature. En-dehors de cette période, les éleveurs (nomades pour une très grande partie) s'adonnent à la transhumance vers les régions du sud, où la pluviométrie est plus abondante, à la recherche de pâturage. Pour une autre catégorie d'éleveurs sédentaires, cette option n'est pas envisageable, car leur activité est continue tout au long de l'année. La demande en plante fourragère concerne presque exclusivement ces éleveurs.

Les distributeurs, commerçants pour la plupart, recherchent un partenariat qui leur est favorable. Ils veulent bénéficier de traitements spéciaux comme le fait d'obtenir l'exclusivité de la revente dans leur secteur géographique. Ils peuvent jouer également le rôle de prescripteurs en même temps que les agents des services vétérinaires.

### 6.1.5 Attractivité du DAS Fourrage

| DAS FOURRAGE | ATTRACTIVITÉ MARCHÉ RÉGIONAL | | | |
|---|---|---|---|---|
| CRITERES | NOTE[13] (1 à 6) | COEFF[14] (1 à 3) | NOTE POND. | ARGUMENTS |

---

[13] Les notes sont déterminées selon l'importance relative des critères : 6 étant la note maximale

[14] Les coefficients sont déterminés selon le niveau de menace des critères : Faible=3 ; Moyen=2 ; Élevé=1

| | | | | |
|---|---|---|---|---|
| TAILLE DU MARCHE | 5 | 3 | 15 | Le marché est quasi nouveau, à part une seule « concurrente » connue à ce jour et qui produit pour sa propre consommation de fourrage |
| CROISSANCE | 5 | 2 | 10 | Elle est appelée à augmenter de façon continue car les besoins sont énormes |
| 4PROFITABILITE | 3 | 2 | 6 | Le marché est à conquérir car les besoins sont insatisfaits, surtout en saison sèche |
| INTENSITE CONCURRENTIELLE | 3 | 3 | 9 | Il y a peu d'acteurs sur le marché, rendant la concurrence sectorielle faible |
| RISQUE NOUVEAUX ENTRANTS | 4 | 2 | 8 | Il y a des barrières assez importantes et difficiles à surmonter pour les nouveaux venus |
| RISQUE DE SUBSTITUTION | 3 | 3 | 9 | Les granulés sont substituables au fourrage mais leurs prix sont trop élevés pour beaucoup d'éleveurs |
| POUVOIR DE NEGO. FOURNISSEURS | 3 | 3 | 9 | Nous sommes producteurs et nous nous livrons une fois en semences et boutures |
| POUVOIR DE NEGO. CLIENTS | 4 | 3 | 12 | Nous proposerons un produit de substitution moins cher doté des |

| | | | | mêmes valeurs nutritives. Nous dominons le marché |
|---|---|---|---|---|
| TOTAL | | 21 | 78 | |
| Note moyenne sur 6 | | | | 3.7 |

L'attractivité du DAS est MOYENNE car le produit n'est pas assez connu et utilisé parmi les éleveurs. Il faudra une bonne politique de communication pour nous imposer dans le marché.

### 6.1.6 Compétitivité du DAS Fourrage

| DAS FOURRAGE | COMPETITIVITÉ MARCHÉ RÉGIONAL | | | |
|---|---|---|---|---|
| CRITERES | NOTE (1 à 6) | COEFF (1 à 3) | NOTE PONDÉRÉE | ARGUMENTS |
| FCS1 : Capacité de production | 3 | 3 | 9 | Notre production ne pourra pas couvrir l'ensemble des besoins de la région, ni même ceux du département |
| FCS2 : Maîtrise des coûts | 5 | 3 | 15 | Nous maîtrisons nos coûts de fabrication puisque les intrants agricoles ne constituent pas un goulot d'étranglement |
| FCS3 : Distribution | 3 | 2 | 6 | Nos moyens de transport ne suffiront pas pour approvisionner le marché en temps et en heure, d'où le système de flux tendu |
| TOTAL | | 8 | 30 | |
| note moyenne | | | | 3.7 |

La compétitivité du DAS est MOYENNE car je ne dispose pas encore de moyens logistiques solides pour fournir le marché dans sa globalité.

## 6.1.7    Diagnostic du DAS Fourrage

| OPPORTUNITES | | MENACES |
|---|---|---|
| -Potentiel de croissance forte<br>-Barrières à l'entrée (foncier, forage, matériel, dépendance bancaire)<br>-Une seule concurrente identifiée | **ATTRACTIVITÉ MOYENNE** | -Aliments de substitution des provendiers<br>-Risque d'appel d'air si les aides de l'État arrivent aux porteurs de projets<br>-Forte dépendance de la politique foncière de l'État |
| | **Contribution au CA : 17%**<br>**Contribution à la Marge : 18.5%**<br>**Position de leader BO** | |
| ATOUTS | | FAIBLESSES |
| -Foncier déjà acquis<br>-Savoir-faire technique et suivi d'une expertise en agronomie | **COMPÉTITIVITÉ MOYENNE** | -Défi du précurseur à pénétrer le marché et changer les habitudes<br>-Faible capacité technique d'approvisionnement |

Ce DAS 1 constitue une réelle opportunité d'investissement. Seulement, le retour sur investissement se fera après une bonne assise financière qui me permettra d'asseoir une politique de communication solide et d'acquérir également des moyens logistiques efficaces.

| FORCES | FAIBLESSES |
|---|---|
| Maîtrise du sujet et expérience sur le terrain | Produit relativement nouveau |
| Bonne équipe | Aliments de substitution de nos concurrents |
| Surface de culture disponible et sécurisée | Moyens financiers |

Ce DAS a beaucoup de potentiel en termes de rentabilité et de capacité de production. Il existe des barrières à l'entrée et je ne serai pas non plus dépendant des fournisseurs, ni des clients.

| PAPAYE | Opportunités | | Menaces | |
|---|---|---|---|---|
| Politique | 1 | Le Sénégal mène une politique agricole productiviste de 1960-1979 | 4 | Aggravation du processus de désertification |
| | 2 | Stabilité politique du Sénégal | 5 | La corruption administrative |
| | 3 | Plan REVA « Retour vers la terre » mis en place depuis 2006 | 6 | Clientélisme politique dans l'exploitation des terres |
| | | | 7 | Problème d'accès au foncier |
| | | | 8 | Phénomène de l'émigration clandestine |
| Economique | 9 | Dispositif GOANA | 11 | Insuffisance du budget de l'État alloué à l'agriculture et à l'élevage |
| | 10 | Financement et encadrement des projets agricoles | 12 | Politisation des agences de financement de projets agricoles |
| | | | 13 | Absence de fruit hors saison |
| Sociologique | 14 | L'entrepreneuriat est encouragé par l'État | 17 | Freins religieux |
| | 15 | Programmes de formation des acteurs de la filière agricole | 18 | Fatalité face à la pauvreté |
| | 16 | Regroupements des producteurs en coopératives | 19 | La société privilégie en général les produits importés |
| Technologique | 20 | Surveillance des cultures par drone | 1 | Cybercriminalité en forte hausse |
| | 21 | Applications numériques d'aide au maraîchage | 2 | Manque de moyens financiers pour les services de lutte contre la criminalité |
| | 22 | Outils digitaux de paiement des commandes de produits (Orange Money-Wave-Wari etc.) | 3 | Connectivité faible dans la région |
| Écologique | 23 | Lutte contre la dégradation des structures écologiques naturelles | 26 | Pluviométrie insuffisante dans toute la moitié nord du pays |
| | 24 | Signature de protocoles entre la FAO et les organisations professionnelles agricoles partenaires | 27 | Aggravation du processus de désertification |
| | | | 28 | Produits chimiques non testés et utilisés comme engrais |
| | 25 | Promotion d'une agriculture saine et durable | 29 | Pas de contrôle des effets de la pollution industrielle sur l'environnement |
| Legal | 30 | Projet d'assainissement juridique du cadre des affaires | 32 | Corruption administrative tenace |
| | 31 | Facilités juridiques pour les Sénégalais de la Diaspora | | |

6.2.2    Les 5 forces de PORTER du DAS Papaye

## L'intensité concurrentielle = Risque faible

La culture de la papaye dans la région de Louga est très récente. Il existe beaucoup de producteurs situés dans le sud de pays ainsi que dans la zone des Niayes. Mais il n'existe aucun producteur de grande envergure dans notre département de Dahra. A Boulal, le fruit de la papaye n'existe pas sur le marché de la production. L'intensité concurrentielle est quasi inexistante dans notre zone de chalandise et le marché est à créer. Il existe beaucoup de revendeurs de fruits qui achètent leurs produits à Dakar pour les revendre plus cher dans la région. Ils fournissent les supermarchés, les marchés hebdomadaires ainsi que les commerçants sédentaires. L'ampleur du marché est à l'image de la taille de la région et des régions environnantes qui ont les mêmes caractéristiques pluviométriques et environnementales. Le marché est très attractif, car le fruit de la papaye est très prisé, mais malheureusement, il n'est pas disponible en quantité suffisante. Avec un hectare de papaye cultivé et nos moyens logistiques, nous pourrons atteindre 100 % du marché de notre zone de chalandise primaire qui s'étale sur un rayon de 20 km.

## Le pouvoir de négociation des fournisseurs = Risque faible

Nous nous procurerons les plants de papaye auprès des vendeurs de la zone des Niayes. Leur pouvoir de négociation n'est pas manifeste dans la mesure où nous nous adressons à eux 1 fois tous les 2 ans. Même si aucune menace n'est à prendre à la légère, ces fournisseurs ne constituent pas une menace réelle et bloquante pour notre activité. Nous aurions la capacité de produire nous-même nos propres plants si cela devenait nécessaire. Il existe beaucoup de fournisseurs de plants dans cette région et nous avons également la possibilité d'acheter auprès des producteurs de la Casamance, au sud du Sénégal. En attendant de creuser notre propre forage, nous nous fournirons en eau auprès du service hydraulique de la commune de Boulal. Nous avons pu obtenir une très grosse réduction du prix de m3 d'eau pour l'arrosage de nos plantes.

## Le pouvoir de négociation des clients = Risque élevé

Malgré la rareté de la papaye dans le marché de la région, il n'en demeure pas moins que les clients ont la possibilité de se tourner vers les autres fruits (citron, mangue, orange, etc.), plus accessible financièrement. Ils ont par conséquent un très grand pouvoir de négociation pour imposer des prix d'achat. Les clients professionnels que sont les commerçants et autres distributeurs constituent 40 % de notre chiffre d'affaires total. Les 6 % du chiffre d'affaires restant sont générés par les clients particuliers.

## La menace des nouveaux entrants = Risque moyen.

Les nouveaux entrants correspondent aux nouvelles entreprises qui pourraient probablement entrer sur le marché de la production de papaye. Il existe des barrières à l'entrée de ce marché. Il s'agit de l'accès à la propriété de surfaces agricoles qui reste très cher et difficile à sécuriser administrativement. La culture de la papaye exige une formation complète en conduite des cultures en maraîchage et techniques agricoles. La culture de papaye nécessite beaucoup d'eau. Dans notre zone aride, la nappe phréatique est plus 100 mètres de profondeur, ce qui rend la construction de forage très coûteuse. Cette contrainte financière constitue, en plus de la nécessité d'installer un système d'arrosage de goutte-à-goutte, une des barrières les plus difficiles à surmonter à l'entrée pour devenir producteur et pénétrer le marché.

## La menace des produits de substitution = Risque élevé

Le marché local des fruits est composé dans sa grande majorité de fruits locaux ou produits dans les autres régions du Sénégal. Ils constituent une menace sérieuse pour la substitution de nos papayes. Même les fruits tropicaux ou issus des climats semi tempérés sont très présents dans les marchés et dans les supermarchés. Cependant, ils sont importés depuis l'Europe, la Guinée Conakry ou le Maroc. Leurs prix restent très élevés. Les clients professionnels peuvent changer facilement de fournisseurs, même s'ils seront exposés à des risques de cherté des nouveaux fruits. Ces fruits de substitution ont l'avantage d'être exotique et très sucrés, ce qui constitue un avantage considérable. En termes de volume, ces produits de substitution ont la capacité de toucher 30 % du marché de notre zone de chalandise.

**Le pouvoir de l'État = Risque faible.**

L'État du Sénégal a beaucoup investi dans l'agriculture. La pandémie du Covid-19 a favorisé l'intensification de ces investissements pour soutenir la résilience des entreprises et des ménages. Les porteurs de projets peuvent bénéficier d'un important support financier et technique de la part des organismes d'accompagnement de l'État. Le secteur agricole bénéficie d'un encadrement juridique particulier destiné à le rendre productif et pourvoyeur d'emplois.

**Tableau récapitulatif des 5 forces de Porter du DAS2 Papaye :**

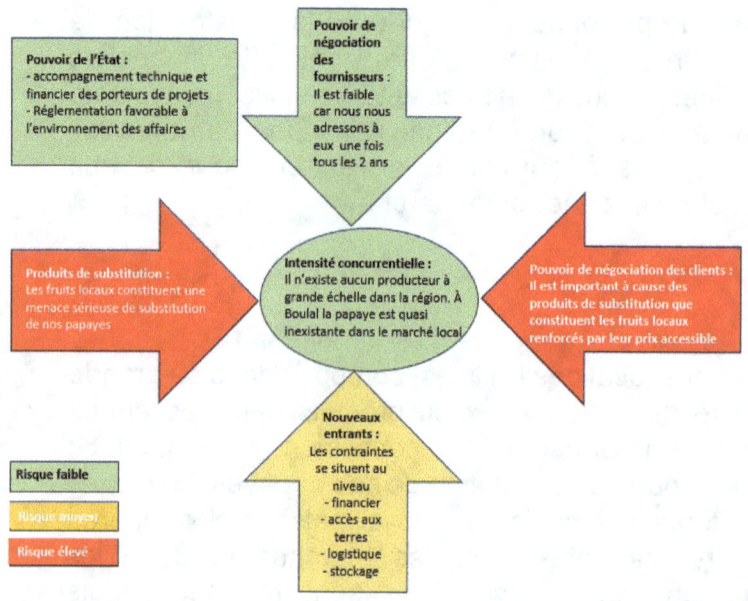

6.2.3    Analyse de l'offre du DAS Papaye

En ce qui concerne le marché de la papaye, il n'y a aucun producteur connu dans la région qui produit et commercialise de la papaye.[15] Il existe des producteurs dans la région des Niayes, une zone presque côtière

_____

[15] ISRA Louga, demande d'information du 31 janvier 2022

très fertile et située dans la région de Dakar et ses environs. Les fruits commercialisés dans la région proviennent tous de Dakar ou du sud du Sénégal, en Casamance plus précisément. Je serai donc le pionnier dans cette activité de production fruitière à grande échelle dans la région de Louga. Produire ce fruit localement nous permettra d'être proche de nos clients, ce qui constitue un gros avantage en termes de coûts et de prix de vente.

## 6.2.4 Analyse de la demande du DAS Papaye

Le fruit de la papaye est très prisé par les populations, mais il n'est pas très accessible, à cause de sa rareté dans le marché régional. La demande reste très concentrée dans les grandes communes de Dahra, Linguère, Touba et la capitale régionale Louga. Cela n'empêche pas sa consommation dans les petites communes comme Boulal. Le vente de papaye constitue 46 % de notre chiffre d'affaires **prévisionnel** global en 2022, ce qui en fait pratiquement notre activité phare. Notre offre constitue une révolution dans le secteur fruits et légumes grâce aux prix accessible que nous proposons. La demande reste largement insatisfaite et risque d'exploser.

Notre clientèle recherche la qualité, la disponibilité et l'accessibilité de la papaye. Elle est constituée par les ménages en grande partie. Les revendeurs de fruits et légumes dans les marchés hebdomadaires ainsi que les commerçants sédentaires constituent nos principaux distributeurs avec des attentes variées. Les revendeurs sur les marchés hebdomadaires sont des clients exigeants mais très efficaces. Ils font le tour des communes tous les jours de la semaine. Leur principale attente reste la possibilité de paiement différé, après avoir écoulé leur stock. Ce système, basé sur la facilitation de paiement, est un gage de maintien des activités de nos revendeurs qui sont en général la principale source de revenus de leurs familles.

| DAS PAPAYE | ATTRACTIVITÉ MARCHÉ RÉGIONAL | | | |
|---|---|---|---|---|
| CRITERES | NOTE (1 à 6) | COEFF (1 à 3) | NOTE PONDÉRÉE | ARGUMENTS |
| TAILLE DU MARCHE | 6 | 3 | 18 | Le marché est très vaste |
| CROISSANCE | 5 | 2 | 10 | Le marché est mature mais le potentiel de la papaye est élevé |
| PROFITABILITE | 5 | 3 | 15 | Création d'une niche en raison de la quasi-inexistence de producteurs de papaye locaux |
| INTENSITE CONCURRENTIELLE | 2 | 3 | 6 | Elle est exercée par la présence sur le marché des fruits locaux bon marché |
| RISQUE NOUVEAUX ENTRANTS | 5 | 3 | 15 | Le marché est saturé globalement mais pas sur la papaye |
| RISQUE DE SUBSTITUTION | 5 | 1 | 5 | Les fruits locaux constituent un risque assez élevé mais nos prix seront adaptés |
| POUVOIR DE NEGO. FOURNISSEURS | 5 | 3 | 15 | Nous sommes producteurs et pouvons négocier avec nos revendeurs |
| POUVOIR DE NEGO. CLIENTS | 5 | 1 | 5 | Les clients ont un choix entre l'existant local et la nouveauté |
| TOTAL | | 19 | 89 | |
| Note moyenne sur 6 | | | | 4.7 |

L'attractivité du DAS est FORTE car le fruit est très prisé mais cher et quasi inaccessible sur le marché.

| DAS PAPAYE | COMPETITIVITÉ MARCHÉ RÉGIONAL | | | |
|---|---|---|---|---|
| CRITERES | NOTE (1 à 6) | COEFF (1 à 3) | NOTE PONDÉRÉE | ARGUMENTS |
| FCS1 : Capacité de production | 5 | 3 | 15 | Notre avons les moyens de produire suffisamment pour couvrir une bonne partie des besoins du marché départemental et régional |
| FCS2 : Maîtrise des coûts | 4 | 3 | 12 | Nos coûts concernent les intrants des semences et ils ne sont pas récurrents |
| FCS3 : Distribution | 4 | 2 | 8 | Nous disposerons d'une fourgonnette et d'un réseau de distribution qui fonctionne déjà correctement |
| TOTAL | | 8 | 35 | |
| note moyenne | | | | 4.4 |

La compétitivité du DAS est FORTE. Nous mettons en œuvre une politique de distribution très attractive pour nos partenaires distributeurs.

| OPPORTUNITES | | MENACES |
|---|---|---|
| -Aucun producteur connu dans la région<br>-Potentiel de croissance forte<br>-Barrières financières et techniques à l'entrée (construction forage, solaire)<br>-Marché de niche | **ATTRACTIVITÉ FORTE** | -Nouveaux Entrants si saturation du marché Fruits et Légumes<br>-Fruits locaux et fruits importés du Maroc et de la Guinée |
| | **Contribution au CA : 46% Contribution à la Marge : 75.5% Position de Leader BO** | |
| ATOUTS | | FAIBLESSES |
| -Foncier déjà acquis<br>-Savoir-faire technique et suivi d'une expertise en agronomie<br>-Équipe commerciale dynamique et techniciens compétents | **COMPÉTITIVITÉ FORTE** | -Logistique régionale<br>-Renouvellement du cycle de production<br>-Risque de problème d'acquisition foncière si nous nous développons |

Ce DAS 2 dispose de réelles capacités pour devenir à moyen terme une vache à lait.

| FORCES | FAIBLESSES |
|---|---|
| Maîtrise de la production | Capacité à couvrir l'ensemble du besoin |
| Équipe dynamique | Risque de substitution des fruits locaux moins chers |
| Coûts de production bas | Moyens financiers et logistiques |
| Fruit très prisé et quasi inaccessible | |

Ce DAS de la papaye constitue une réelle opportunité. Le marché est attractif et la concurrence inexistante dans le département. Le BFR est faible et l'investissement minime, ce qui en fait un gage de rentabilité forte. Nos prix sont très bien adaptés au niveau du portefeuille du consommateur moyen.

## 6.3 Le DAS 3 : Œufs

### 6.3.1 Analyse PESTEL du DAS Œufs

| Œufs | Opportunités | Menaces |
|---|---|---|
| Politique | • ARRETE ministériel n° 7717-2005, protection des aviculteurs<br>• Prix de l'aliment des pondeuses homologués par l'État<br>• Le poulet de chair et l'œuf font partie de la filière avicole, considérée comme porteuse dans le cadre de la GOANA[1] | • Risque de réouverture des frontières à la concurrence internationale<br>• Pression fiscale forte<br>• Arrêts des subventions<br>• Concurrence non régulée |
| Economique | • Plan Sénégal Émergent<br>• Dispositifs de financement et d'encadrement des projets avicoles<br>• Coopération bilatérale (Union européenne, AFD, Enabel...) | • Diminution du budget alloué à l'élevage<br>• Forte dépendance des aviculteurs aux provendiers<br>• Coût de l'aliment très élevé |
| Sociologique | • L'entrepreneuriat est encouragé par l'État<br>• Programmes de formation des aviculteurs<br>• Création de coopératives avicoles | • Freins religieux<br>• L'aversion de la population à la prise de risques<br>• Face aux produits importés, les produits locaux sont menacés |
| Technologique | • Fabrication de couveuses locales<br>• Plateformes de paiement en ligne des aliments<br>• Technologies du solaire comme alternative à l'électricité | • Prix très élevés des matériels avicoles<br>• Difficultés d'accès au réseau 4G-5G |
| Écologique | • Utilisation de la fiente des poules comme engrais naturel<br>• Substitution à l'œuf industriel plus polluant | • Aliments issus de l'agriculture intensive très polluante<br>• Forte consommation d'électricité des élevages intensifs |
| Legal | • Projet d'assainissement juridique du cadre des affaires<br>• Facilités juridiques pour les Sénégalais de la Diaspora<br>• Possibilité de création d'entreprise en 48h | • Création anarchique de poulaillers<br>• Non-respect des normes de construction des poulaillers |

### 6.3.2 Les 5 forces de PORTER du DAS Œufs

## L'intensité concurrentielle = Risque faible.

Il y a beaucoup de petits aviculteurs dans la région grâce à l'attractivité du marché, son ampleur et sa croissance continue favorisée par le soutien des pouvoirs publics au secteur avicole. Mais la plupart d'entre eux font de l'élevage de poulets de chair et il n'existe aucun producteur de niveau industriel dans la région. Dans la commune de Boulal, je suis le seul producteur d'œufs à grande échelle. La commune et ses villages environnants consomment 80 % de notre production mensuelle d'œufs. L'intensité concurrentielle est très faible dans notre zone de chalandise primaire du fait de notre bonne implantation, de notre statut de pionnier et de notre capacité à innover (innovation dans le relationnel avec le réseau professionnel et les revendeurs). Nous bénéficions d'une forte image de précurseur (fierté de la commune de Boulal) et déclic chez les petits entrepreneurs qui cherchent à commercialiser nos produits et qui nous incitent à amplifier nos investissements.

La concurrence est beaucoup plus forte au niveau de la région, à Louga plus particulièrement. C'est une agglomération moyenne de 105 000 habitants en 2020 et elle est dotée d'une forte population émigrée à travers le monde. Avec les revenus gagnés à l'étranger, la ville enregistre une forte croissance de la capacité d'investissements de ces nouveaux acteurs économiques. La concurrence existe bien dans le domaine avicole, même si elle est plus marquée dans l'activité poulets de chair. Nous pouvons malgré tout, viser 10 % du marché régional si nous mettons en place notre stratégie.

### Le pouvoir de négociation des fournisseurs = Risque élevé.

Nos fournisseurs d'aliments pour les pondeuses sont malheureusement dotés d'un fort pouvoir de négociation. Ils nous imposent d'acheter 5 tonnes d'aliments avant de pouvoir ouvrir un compte client professionnel chez eux. Ils ont le monopole des délais de livraison et cela impacte beaucoup la productivité de nos poules. La production quotidienne d'œufs fluctue au gré de la disponibilité des aliments en stock. Le pouvoir des fournisseurs est d'autant plus fort que l'aliment constitue plus de 70 % des charges d'exploitation. En tant que membre d'une coopérative regroupant quelques petits producteurs, l'idée de créer une unité de fabrication d'aliments nous habite de plus en plus. Cela nous rendrait moins dépendants de la SEDIMA, de NMA SANDERS etc. Les producteurs de provende sont regroupés en un lobby très puissant, faisant penser à de l'entente illicite ou de l'abus de position dominante, capable de faire fléchir l'état dans le sens de leurs propres intérêts. Un changement de fournisseur n'a aucun intérêt dans cette situation qui est la réalité quotidienne des acteurs du secteur de l'élevage avicole. Ils disposent de moyens financiers conséquents, d'installations industrielles coûteuses qui leur donne un savoir-faire unique et des produits assez rares. Obtenir notre propre usine de fabrication d'aliments nous permettrait d'être autonomes et beaucoup plus rentable.

## Le pouvoir de négociation des clients = Risque faible.

Nous possédons un facteur différenciateur significatif que constituent les facilités de paiements accordées aux clients professionnels et la compétitivité de nos œufs, qui sont de qualité standard mais vendus 0.12 % moins chers que la concurrence (3.05€ la tablette contre 4 € ou plus)

Le DAS Pondeuses constitue 37 % du chiffre d'affaires total des activités de l'entreprise. Sur ce pourcentage total, 30% sont réalisés avec les commerçants, les restaurateurs et les revendeurs et 7 % avec les ménages, les associations religieuses, les particuliers etc. Le pouvoir de négociation est surtout fort chez les revendeurs qui réclament un prix de revente avantageux et des facilités de paiement. Ils constituent des partenaires très efficaces mais ils n'hésiteront pas à changer de fournisseurs si le besoin se faisait sentir. Ces revendeurs peuvent influencer nos prix de vente surtout en période de baisse de l'activité économique de la région (saison sèche). Heureusement, le risque est très faible à cause de notre position de leader dans notre zone de chalandise et nos prix compétitifs.

## La menace des nouveaux entrants = Risque moyen.

Il existe des barrières considérables à l'entrée du marché des œufs. Il faut un BFR de 5 mois et demi avant de commencer à produire des œufs. L'accès à la terre est très difficile, car il est soumis non seulement à des normes légales strictes, mais aussi à la cherté du prix de l'hectare. Il faut être capable de s'assurer une disponibilité constante de l'aliment et savoir anticiper les crises céréalières mondiales qui affectent directement la bonne marche de notre activité qui est victime de sa forte dépendance aux céréales importés. L'exploitation avicole exige de résider à proximité des sujets et être formé en prophylaxie animale et en hygiène des bâtiments. Même s'il n'existe pas de brevets à acheter pour exploiter un poulailler, savoir fabriquer son aliment est un facteur d'indépendance significatif. La menace que constituent les nouveaux entrants est, par conséquent assez faible. Nous avons signé des contrats de partenariats et moraux (sociologiquement, la parole donnée a une très grande valeur) avec la plupart des professionnels susceptibles de vendre nos produits. Cela nous assure la sécurité et la pérennité de notre activité, tant que nos intérêts convergent avec les leurs.

## La menace des produits de substitution = Risque faible.

Les œufs sont des produits naturels qui sont très prisés par la population. Les œufs de poules constituent la variété d'œufs la plus vendue et la moins chère du pays. Ils peuvent être concurrencés par les œufs de canards, plus gros, mais il n'existe aucun élevage intensif de canards dans toute la région. Les clients pourraient changer de fournisseur si nous ne sommes plus en mesure d'assurer la livraison continue de nos œufs. Le besoin crée le produit. Les œufs sont constitués de protéines et elles peuvent être substituées. Au Sénégal, la culture végane n'est pas encore apparue et notre culture alimentaire est très monotone. Il existe des produits végétaux pour remplacer le jaune ou le blanc d'œuf. Mais il faudra beaucoup investir sur le changement des habitudes alimentaires de la population pour pouvoir espérer vendre ces éventuels nouveaux produits. Ces efforts de pénétration du marché nécessiteraient beaucoup de moyens financiers qui risqueraient d'affecter le prix de vente d'un tel nouveau produit. Mais cela reste une possibilité à prendre en compte, car les protéines d'origine végétale constituent une alternative sérieuse et saine aux protéines d'origine animale.

### Le pouvoir de l'État = Risque faible.

L'État du Sénégal a beaucoup investi dans l'agriculture et dans l'élevage. La pandémie du Covid-19 a favorisé l'intensification de ces investissements pour soutenir la résilience des entreprises et des ménages. Les porteurs de projets peuvent bénéficier d'un important support financier et technique de la part des organismes d'accompagnement de l'État. Le secteur avicole bénéficie depuis 2005 d'un encadrement juridique particulier destiné à le rendre productif et pourvoyeur d'emplois.

### Tableau récapitulatif des 5 forces de Porter du DAS3 Œufs :

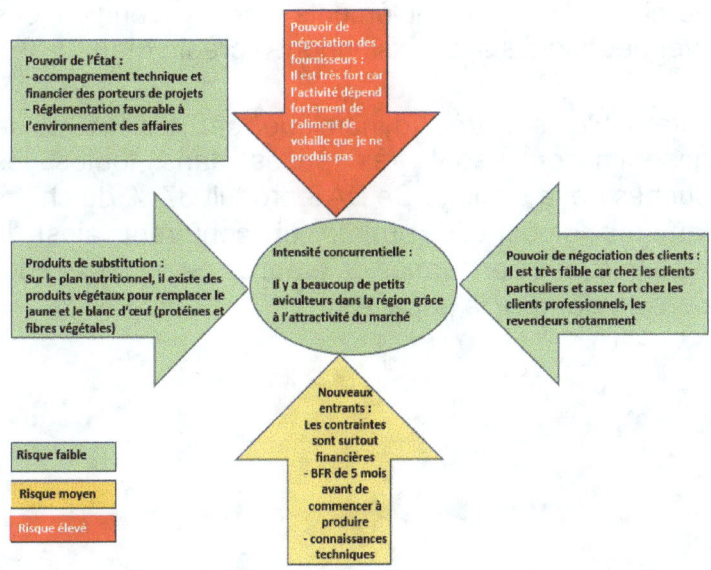

6.3.3    Analyse de l'offre du DAS Œufs

Au niveau régional, il existe des producteurs d'œufs situés particulièrement à Louga, la capitale. Certains vendaient leurs œufs jusque dans notre localité. Mais depuis que nous avons commencé notre activité, nous avons récupéré ce marché local pour y écouler toute notre production. Celle-ci est malgré tout très insuffisante pour satisfaire, ne serait-ce que le marché départemental. Viser le marché régional est ambitieux, mais c'est un enjeu important et un objectif court terme que nous nous sommes fixés.

### 6.3.4    Analyse de la demande du DAS Œufs

En ce qui concerne les œufs de table, la demande est constituée par différents types de clients. On distingue :
• les ménages qui achètent les œufs pour leur consommation quotidienne
• les restaurateurs classiques
• les petits restaurateurs de rue appelés « tanganas »
• les commerçants qui diversifient leur offre de produits et les commerçants des marchés hebdomadaires
• les organisateurs d'événements
• les demandes spécifiques (petits revendeurs qui cherchent des compléments de revenus, des revendeurs qui s'approvisionnent à crédit, etc.)

Cette cible est très dynamique car les œufs de consommations sont très prisés dans toutes les couches de la société. Ce DAS produit 37 % du chiffre d'affaires global du projet, lui conférant ainsi la deuxième place en termes de création de richesse pour le projet, derrière la papaye.

| DAS Œufs | ATTRACTIVITÉ MARCHÉ RÉGIONAL | | | |
|---|---|---|---|---|
| **CRITERES** | **NOTE (1 à 6)** | **COEFF (1 à 3)** | **NOTE POND.** | **ARGUMENTS** |
| TAILLE DU MARCHE | 4 | 2 | 8 | Elle est large et nous permet d'écouler facilement notre production |
| CROISSANCE | 4 | 2 | 8 | Elle est moyenne car la consommation d'œufs au niveau local reste stable |
| PROFITABILITE | 4 | 2 | 8 | Le marché est profitable, dynamique et ouvert, mais il faut des économies d'échelle pour plus de profitabilité |
| INTENSITE CONCURRENTIELLE | 4 | 3 | 12 | Elle est faible car les acteurs ne sont pas encore très nombreux |
| RISQUE NOUVEAUX ENTRANTS | 3 | 2 | 6 | Les barrières à l'entrée sont assez élevées |
| RISQUE DE SUBSTITUTION | 3 | 3 | 9 | L'œuf de poule reste l'aliment le plus consommé et les produits de substitution seraient confrontés à des risques de rejet |
| POUVOIR DE NEGO. FOURNISSEURS | 1 | 1 | 1 | Les fournisseurs d'aliments ont le pouvoir sur les prix et sur l'approvisionnement |
| POUVOIR DE NEGO. CLIENTS | 3 | 3 | 9 | Les clients ont peu de marge de manœuvre car il n'y a pas beaucoup de producteurs |
| TOTAL | | 18 | 61 | |
| Note moyenne sur 6 | | | 3.3 | |

L'attractivité du DAS est MOYENNE car le secteur exige une grande solidité financière à cause du besoin en fonds de roulement.

## 6.3.6 Compétitivité du DAS Œufs

| DAS Œufs | COMPETITIVITÉ MARCHÉ RÉGIONAL | | | |
|---|---|---|---|---|
| CRITERES | NOTE (1 à 6) | COEFF (1 à 3) | NOTE PONDÉRÉE | ARGUMENTS |
| FCS1 : Capacité de production | 3 | 3 | 9 | Nous aurons une capacité de production suffisante pour approvisionner notre zone de chalandise primaire |
| FCS2 : Maîtrise des coûts | 2 | 3 | 6 | Nous sommes très dépendants de la fluctuation des prix des provendiers |
| FCS3 : Distribution | 4 | 2 | 8 | Nous disposerons d'une fourgonnette et d'un réseau de distribution qui fonctionne déjà correctement |
| TOTAL | | 8 | 23 | |
| Note moyenne sur 6 | | | | 2.8 |

La compétitivité du DAS FAIBLE car nous dépendons énormément de nos concurrents qui fabriquent en même temps de l'aliment de volaille.

## 6.3.7 Diagnostic du DAS Œufs

| OPPORTUNITES | ATTRACTIVITÉ MOYENNE | MENACES |
|---|---|---|
| - Marché très vaste (région)<br>- Possibilité d'exporter dans la sous-région (Zlecaf = Zone de Libre Échange Continentale Africaine) à long terme<br>- Concurrence moyenne<br>- Barrières à l'entrée (moyens) | ATTRACTIVITÉ MOYENNE | - Nouveaux Entrants si l'aide de l'État est captée<br>- Forte dépendance aux fournisseurs, car les provendiers sont très organisés et peuvent augmenter le prix des aliments<br>- Risque de levée des restrictions à l'importation imposées depuis 2005 |
| | Contribution au CA : 37% Contribution à la Marge : 6 % Position de challenger BO | |
| FORCES<br>- Bonne stratégie commerciale<br>- Très bonne image de précurseur<br>- Forte adhésion des clients | COMPÉTITIVITÉ FAIBLE | FAIBLESSES<br>- Manque d'infrastructures d'envergure nationale (grands poulaillers, matériels solaires)<br>- Efforts quotidiens pour conserver les clients<br>- Production insuffisante |

Ce DAS 3 est très dépendant de nos fournisseurs. Il requiert une forte capacité financière pour faire face à un BFR régulier et conséquent. Maîtriser ce BFR et moins dépendre de nos concurrents en produisant moi-même mon propre aliment de volaille est une solution pour rendre ce DAS 3 très profitable.

| FORCES | FAIBLESSES |
| --- | --- |
| Marché très vaste et ouvert | Capacité de production assez limitée |
| Economie d'échelle sur les coûts de production | Forte dépendance vis-à-vis des fabricants d'aliments |
| Concurrence maîtrisée grâce à notre implantation | Moyens financiers et logistiques faibles |

Ce DAS3 est rentable et le marché est attractif. La concurrence est faible car les besoins du marché ne sont pas entièrement satisfaits dans le département. Cependant, le BFR est exorbitant et l'investissement assez lourd, ce qui en fait un DAS rentable mais qui demande de mobiliser une forte trésorerie.

## 6.4    Avantages concurrentiels

Nos offres se démarquent sur plusieurs points :

• **Un prix de vente du fourrage** très abordable, car beaucoup plus adapté au niveau de revenus des éleveurs. Le Maralfalfa est une plante très fortement sélectionnée et dont la productivité est maximale à la première année. Elle peut varier entre 60 et 200 tonnes de matière sèche à l'hectare. Le prix du kilogramme sera fixé à 0.15 €

• **Des œufs de table livrés à flux continu** avec une possibilité de vente à crédit pour les revendeurs. Une tablette de 30 œufs est vendue entre 4 € et 6 € sur le marché alors que nous la vendons à 3.05 €

• **Un prix de la papaye à la portée du consommateur moyen**, car le fruit vendu sur le marché régional est importé de Dakar et coûte plus

cher. Le kilogramme de papaye y est vendu 1.85 €
alors que nous le proposons à 0.61 €.

Néanmoins, je compte écouler 70% de la production
(papaye, œufs et fourrage) dans les marchés de Dahra,
de Linguère, de Louga et celui de Touba et les 30%
restant dans les marchés hebdomadaires des diverses
localités (Boulal, Déaly, Sagatta Djoloff et Thiamène
Kadior). Ces marchés sont très dynamiques et sont des
rendez-vous très attendus aussi bien par les
commerçants (qui peuvent revendre nos produits) que
par les clients directs. Ce choix de cibler ces marchés
hebdomadaires se justifie par l'opportunité qu'ils offrent
de nous trouver une clientèle très variée
(professionnels comme particuliers) mais également
par la nature très informelle du système commercial qui
prédomine dans le pays. A justifier ton choix et
expliquer le potentiel de ces marchés.

### 6.5 Équilibre du portefeuille : matrice de Mac Kinsey

- **Position dominante et beaucoup
d'investissements en BO (Opportunités futures en
SFD)**

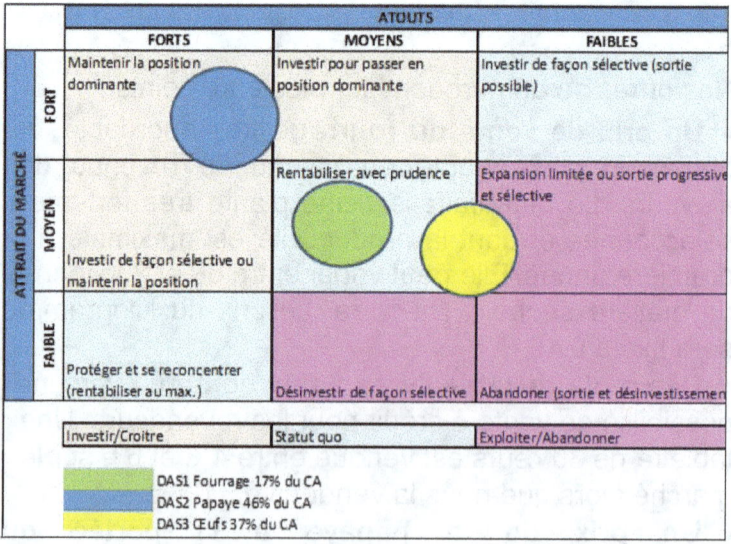

Cette matrice de Mac Kinsey nous présente une
disposition assez éclatée de nos DAS. Cela montre une

disparité entre eux et une nécessité de s'adapter à chaque situation et de mettre en place les stratégies adéquates. Malgré cette disparité, le DAS2 se distingue en alliant de manière assez nette l'attractivité du marché et les atouts de l'entreprise. Cette position dominante doit être maintenue et accrue pour tirer le business. Quant au DAS1, il est en équilibre dans un marché attractif avec des atouts de l'entreprise qu'il faut renforcer en augmentant par exemple la capacité de production. Enfin, le DAS3 est le maillon que je dirai un peu faible dans une telle configuration. En effet, c'est un DAS qui est très rentable parce que l'activité avicole marche très bien en Afrique, et le Sénégal n'est pas en reste. Néanmoins, il convient de souligner que cette rentabilité a des exigences financières et techniques assez grandes puisqu'il faut un BFR de 5 à 6 mois pour pouvoir espérer produire et commercialiser des œufs. Trouver un équilibre dans ce portefeuille d'activités devient donc une exigence.

## 7 Les enjeux

Les éléments principaux de notre analyse montrent une attractivité et une compétitivité moyennes dans l'ensemble des DAS sauf celui de la Papaye (DAS2) qui a de meilleurs atouts stratégiques pour obtenir une bonne rentabilité financière de l'entreprise. Le DAS Papaye est en compétitivité et en attractivité forte tandis que le DAS Fourrage (DAS1) est en compétitivité et en attractivité moyenne. Quant au DAS Pondeuses (DAS3), la compétitivité est faible et l'attractivité moyenne.

**L'enjeu ici est de :**
- maintenir la position dominante du DAS 2- Papaye
- rentabiliser le DAS1- Fourrage en essayant d'élaborer une stratégie de pénétration agressive
- soit décupler les investissements sur le DAS 3-Œufs soit sortir progressivement

Il s'agit ici d'une future société qui a un fort potentiel de développement régulier et rentable, mais qui se trouvera confrontée, à moyen ou long terme, à une évolution défavorable de l'environnement concurrentiel. Ceci sera favorisé par la politique d'incitation de l'État envers les éleveurs et les horticulteurs à créer leurs activités de production de fourrage et de fruits et légumes. Nous devrons profiter de notre statut de leader et de pionnier sur le marché de la Papaye pour creuser l'écart avec les probables futurs concurrents.

Comment se prémunir contre les menaces prévisibles de l'Environnement sur les Marchés BO tout en préservant notre rentabilité, notre Indépendance tout en assurant une équipe dynamique et soudée ?

## 8 Diagnostic financier par DAS

L'entreprise n'étant pas encore créée, notre diagnostic se portera sur nos projections sur les 5 prochaines années. J'ai produit des tableaux qui récapitule les investissements et les prévisionnels d'exploitation et financiers des trois DAS.

### 8.1 Diagnostic financier du DAS 1 (Fourrage)

#### 8.1.1 Tableau récapitulatif des investissements du DAS Fourrage

Je compte investir une partie des immobilisations et du BFR sur fonds propres, car ce DAS ne nécessite pas un investissement trop lourd. Mon apport couvre largement le BFR et le reste sera utilisé pour l'achat des immobilisations (matériels agricoles, tracteur, stockage, réseau hydraulique…) en attendant que mon projet soit financé par l'ADEPME et le FONGAD.

Dans ce projet, le plus gros travail a été réalisé, c'est-à-dire l'acquisition administrative de la terre qui abrite mon projet. Cela m'évite d'investir une grosse somme pour acquérir le foncier.

Ce tableau récapitule l'ensemble des investissements nécessaires pour le démarrage de l'activité du DAS1 en 2023 ainsi que son BFR.

| EMPLOIS | | RESSOURCES | |
|---|---|---|---|
| Immobilisations | 53.012,68 € | Capital (apport personnel) | 21.221,38 € |
| Réseau hydraulique | 763,35 € | Subvention ADEPME | 35.000 € |
| Système d'arrosage pour 1 ha | 1.526,71 € | FONGAD | 8.776,03 € |
| Faucheuse | 1.798,46 € | | |
| Faneur à foin | 6.200 € | | |
| Tracteur agricole | 35.800 € | | |
| Matériel de transport | 1.145,04 € | | |
| Magasin de stockage | 3.145,54 € | | |
| Presse à balles carrées | 2.633,58 € | | |
| BFR | 11.984,73 € | | |
| TOTAL | 64.997,41 € | TOTAL | 64.997,41 € |
| | | | |

## 8.1.2    Compte d'exploitation prévisionnel du DAS Fourrage

Ce tableau présente pour les 5 années à venir, le chiffre d'affaires, l'ensemble des charges et le résultat net prévisionnels du DAS 1.

| Rubriques | 2023 | 2024 | 2025 | 2026 | 2027 |
|---|---|---|---|---|---|
| Chiffre d'affaires total | 54.961,83 € | 60.458,01 € | 66.503,81 € | 73.154,19 € | 80.469,61 € |
| Total coûts fixes | 5.496,18 € | 6.045,79 € | 6.650,37 € | 7.315,41 € | 8.046,95 € |
| Charge de personnel | 5.496,18 € | 6.045,79 € | 6.650,37 € | 7.315,41 € | 8.046,95 € |
| Total coûts variables | 6.488,53 € | 7.137,38 € | 7.851,12 € | 8.636,23 € | 9.499.85 € |
| Achats matières et fournitures | 1.908,39 € | 2.099,22 € | 2.309.15 € | 2.540,06 € | 2.794,07 € |
| Autres achats (Energie, fourniture non stockable) | 2.967,93 € | 3.264,72 € | 3.591,19 € | 3.950,31 € | 4.345,34 € |
| Services extérieurs | 1.612,21 € | 1.773,43 € | 1.950,77 € | 2.145,85 € | 2.360,43 € |
| Amortissement | 8.419,84 € | 8.419,84 € | 8.419,84 € | 8.419,84 € | 8.419,84 € |
| Résultat brut d'exploitation | 34.557,28 € | 38.855 € | 43.582,48 € | 48.782,71 € | 54.502,97 € |
| Frais financiers | 1 895,62 € | 1 895,62 € | 1 895,62 € | 1 895,62 € | 1 895,62 € |
| Résultat avant impôts | 32.661,66 € | 36 959,38 € | 41 686,86 € | 46 887,09 € | 52 607,35 € |
| Résultat net | 32.661,66 € | 36 959,38 € | 27 096,45 € | 30 476,60 € | 34 194,77 € |

L'investissement est relativement conséquent surtout, à cause du tracteur à acquérir. Le seuil de rentabilité calculé pour ce DAS 1 pour l'année 2023 est égal aux amortissements auxquels j'ai rajouté les charges fixes et variables = 20.404,55 €.

Le taux d'emprunt à la FONGAD s'élève à 8 % = 1895.62 € à rembourser par an pendant 5 ans ; cela constitue les frais financiers et ils sont fixes. Les deux premières années sont exonérées d'impôts dont le taux s'élève à 35 % du résultat. Quant aux charges de personnel, elles évoluent d'année en année à cause notamment du coût de l'inflation et du recrutement de personnel ponctuels. A ces charges de personnels, j'ai ajouté les charges liées aux « services extérieurs » qui regroupent l'ensemble des charges administratives (frais de consultance ou d'expertise de cabinets extérieurs, frais d'ingénierie agricole, frais de vétérinaire, etc.)

## 8.2    Diagnostic financier du DAS 2 (Papaye)

### 8.2.1    Tableau récapitulatif des investissements du DAS Papaye pour l'année 2023

Ce tableau affiche l'ensemble des sommes qui seront investies dès le début de l'activité du DAS 2, en 2023, pour acheter le matériel nécessaire (irrigation, petits matériels de traitement et d'aménagement du sol…) ainsi que le BFR. L'investissement est assez léger, car le plus gros poste budgétaire (le tracteur), est déjà intégré dans le calcul des investissements du DAS1. A part le système d'irrigation qui qui coûte 3.664,12 €, tous les autres postes de dépenses ont un coût en dessous de 100 €. Le BFR constitue cependant la plus grosse dépense à prévoir, et mon apport ne couvre même pas la moitié des besoins, d'où la nécessité de solliciter un emprunt bancaire de 8.809,12€. Le BFR me servira principalement à payer les salaires de la période pré-récolte et l'achat des intrants. Ce qui est intéressant dans ce DAS est que ces intrants (plants de papaye) sont achetés une seule fois. Les achats d'engrais, de pesticides et d'autres produits d'entretien sont quant à eux récurrents, mais ne sont pas lourds.

| EMPLOIS | | | RESSOURCES | |
|---|---|---|---|---|
| Immobilisations | 3.885,46 € | | Capital (apport personnel) | 5000 € |
| Système d'irrigation pour 1 ha | 3.664,12 € | | Emprunts | 8.809,12 € |
| Pulvérisateur | 38,16 € | | | |
| Balance suspendue | 61,06 € | | | |
| Brouette | 38,16 € | | | |
| Pelles rondes | 19,08 € | | | |
| Pelles carrées | 19,08 € | | | |
| Râteaux | 19,08 € | | | |
| Petits matériels | 45,80 € | | | |
| BFR | 9.923,66 € | | | |
| TOTAL | 13.809,12 € | | | 13.809,12 € |

Ce tableau présente pour les 5 années à venir, le chiffre d'affaires ainsi que l'ensemble des charges et le résultat net du DAS 2.

| Rubriques | 2023 | 2024 | 2025 | 2026 | 2024 |
|---|---|---|---|---|---|
| Chiffre d'affaires total | 152.671,75 € | 167.938,92 € | 184.732,82 € | 203.206,10 € | 245.879,38 € |
| Total coûts fixes | 4.580,15 € | 5.038,16 € | 5.541,98 € | 6.096,17 € | 6.705,79 € |
| Charge de personnel | 4.580,15 € | 5.038,16 € | 5.541,98 € | 6.096,17 € | 6.705,79 € |
| Total coûts variables | 5.343,50 € | 5.877,84 € | 6.465,62 € | 7.112,18 € | 7.823,41 € |
| Achats matières et fournitures | 3.005,72 € | 3.306,29 € | 3.636,92 € | 4.000,61 € | 4.400,67 € |
| Autres achats (Energie, fourniture non stockable) | 1.648,85 € | 1.813,73 € | 1.995,10 € | 2.194,61 € | 2.414,08 € |
| Services extérieurs | 688,93 € | 757,82 € | 833,60 € | 916.96 € | 1.008,66 € |
| Amortissement | 732,82 € | 732,82 € | 732,82 € | 732,82 € | 732,82 € |
| Résultat brut d'exploitation | 142.015,28 € | 156.290,10 € | 171.992,40 € | 189.264,93 € | 230.617,36 € |
| Frais financiers | 1 902,72 € | 1 902,72 € | 1 902,72 € | 1 902,72 € | 1 902,72 € |
| Résultat avant impôts | 140 112,56 € | 154 387,38 € | 170 089,68 € | 187 362,21 € | 228 714,64 € |
| Résultat net | 140 112,56 € | 154 387,38 € | 110 558,29 € | 121 785,43 € | 148 664,51 € |

L'investissement est minime comparé au taux de rentabilité de l'activité. Le seuil de rentabilité calculé pour ce DAS 2 pour l'année 2023 est égal aux amortissements auxquels j'ai rajouté les charges fixes et variables = 10.656,47 €.
Le taux d'emprunt bancaire s'élève à 9% = 158.56 € de coût mensuel (1902.72€ annuel). Les deux premières

années sont exonérées d'impôts dont le taux s'élève à 35% du résultat.

## 8.3 Diagnostic financier du DAS 3 (Œufs)

Ce tableau récapitule les investissements nécessaires à l'exploitation du DAS 3 et son BFR dès le démarrage en 2023. Le bâtiment constitue le plus gros poste d'investissement avec un coût de 22.900,76€. Le matériel d'exploitation est principalement constitué de contenants pour l'eau et l'aliment (mangeoires et abreuvoirs) ainsi que les autres outillages et le magasin de stockage des aliments, des œufs produits et d'autres matériels divers.

| EMPLOIS | | RESSOURCES | |
|---|---|---|---|
| Immobilisations | 28.633,52 € | Capital (apport personnel) | 20.000 € |
| Mangeoires 15-20 kg | 961,83 € | Subvention ADEPME | 20.000 € |
| Abreuvoirs 10l | 916,03 € | Banque | 70.007,56 € |
| Perchoirs de 1m | 763,35 € | FONGAD | 28.000 € |
| Pondoirs de 24 nids | 1.908,39 € | FAISE | 10.000 € |
| Balance de 15 kg | 122,13 € | | |
| Brouette | 152,67 € | | |
| Seaux | 22,90 € | | |
| Bassines | 45,80 € | | |
| Outillages | 152,64 € | | |
| Bâtiment poulailler | 22.900,76 € | | |
| Magasin de stockage | 687,02 € | | |
| BFR | 119.374,04 € | | |
| TOTAL | 148.007,56 € | | 148.007,56 € |

### 8.3.2 Compte d'exploitation prévisionnel du DAS 3 (Œufs)

Ce tableau présente pour les 5 années à venir, le chiffre d'affaires ainsi que l'ensemble des charges et le résultat net du DAS 3.

| Rubriques | 2023 | 2024 | 2025 | 2026 | 2027 |
|---|---|---|---|---|---|
| Chiffre d'affaires total | 201.911,45 € | 222.102,59 € | 244.312,85 € | 268.744,13 € | 295.618,55 € |
| Total coûts fixes | 9.160,30 € | 10.076,33 € | 11.083,96 € | 12.192,35 € | 13.411,59 € |
| Charges de personnel | 9.160,30 € | 10.076,33 € | 11.083,96 € | 12.192,35 € | 13.411,59 € |
| Total coûts variables | 150.876,24€ | 165.963,85 € | 182.560,24 € | 200.816,26 € | 220.897,90 € |
| Achats matières et Fournitures (dont BFR) | 148.007,63 € | 162.808,39 € | 179.089,23 € | 196.998,15 € | 216.697,97 € |
| Autres achats (Energie, fourniture non stockable) | 2.105,26 € | 2.315,78 € | 2.547,36 € | 2.802,10 € | 3.082,31 € |
| Services extérieurs | 763,35 € | 839,68 € | 923,65 € | 1.016,01 € | 1.117,62 € |
| Amortissement | 5.793,12 € | 5.793,12 € | 5.793,12 € | 5.793,12 € | 5.793,12 € |
| Résultat brut d'exploitation | 36.081,79 € | 40.269,29 € | 44.875,53 € | 49.942,40 € | 55.515,94 € |
| Frais financiers | 1.708,13 € | 1.708,13 € | 1.708,13 € | 1.708,13 € | 1.708,13 € |
| Résultats avant impôts | 34.373,66 € | 38.561,16 € | 43.167,40 € | 48.234,27 € | 53.807,81 € |
| Résultat net | 34.373,66 € | 38.561,16 € | 28.058,81 € | 31.352,27 € | 34.975,07 € |

L'investissement est très lourd à cause du BFR élevé. Le seuil de rentabilité calculé pour ce DAS 3 pour l'année 2023 est égal aux amortissements auxquels j'ai rajouté les charges fixes et variables = 165.829,66 €.

Le taux d'emprunt bancaire s'élève à 9% = 6.300,68€ et celui de la FONGAD à 8% = 2.240 €, ce qui fait un coût annuel de (6.300,68€+2.240€/5) 1.708,13 €. Les deux premières années sont exonérées d'impôts dont le taux s'élève à 35% du résultat. Les dépenses d'exploitation restent constantes de la première année à la cinquième année.

## 9 Coût global du projet pour l'année 2023

Le cout global du projet, en janvier de l'année N (2023), est évalué en fonction du montant total des investissements et des besoins en fonds de roulement. Le tableau ci-dessous récapitule l'ensemble des coûts induits par l'exploitation des trois DAS.

| | Activité | Investissements | BFR | Total des besoins | Apport personnel | Besoin en financement |
|---|---|---|---|---|---|---|
| DAS 1 | Fourrage | 53.012,68 € | 11.984,73 € | 64.997,41 € | 21.221,38 € | 43.776,03 € |
| DAS 2 | Papaye | 3.885,46 € | 9.923,66 € | 13.809,12 € | 5.000 € | 8.809,12 € |
| DAS 3 | Œufs | 28.633,52 € | 119.374,04 € | 148.007,56 € | 20.000 € | 128.007,56 € |
| TOTAL | | 85.531,66 € | 141.282,43 € | 226.814,09 € | 46.221,38 € | 180.592,71 € |

L'exploitation simultanée de ces trois DAS nécessite une bonne assise financière que je n'ai pas pour le moment. J'envisage de concourir aux subventions de l'État du Sénégal, par le biais de l'Agence de Développement des PME (ADEPME) et du Fonds d'Appui aux Investissements des Sénégal de l'Extérieur (FAISE) ; du Fonds de Garantie de la Diaspora sénégalaise (FONGAD) et enfin les banques nationales telles que La Banque Agricole, Le Crédit Mutuel du Sénégal, La Banque Nationale pour le Développement Économique etc. Mon apport personnel est trop faible pour pouvoir mener ce projet dans son intégralité et dès la première année, c'est-à-dire en janvier 2023.

## 9.1 Tableau de synthèse globale des 3 comptes d'exploitation prévisionnelle

Le chiffre d'affaires prévisionnel global à l'année N (2023) est évalué selon le total des ventes à l'année de l'ensemble des activités. Je prévoie une croissance annuelle cumulée de 10% sur l'ensemble des DAS.

| Rubriques | Activité | Chiffres d'affaires | Seuil de rentabilité |
|---|---|---|---|
| DAS 1 | Fourrage | 54.961,83 € | 20.404,55 € |
| DAS 2 | Papaye | 152.671,75 € | 10.656,47 € |
| DAS 3 | Pondeuses | 201.911,45 € | 165.829,66 € |
| | TOTAL | 409.545,03€ | 196.890,68 € |

Dans ce tableau, je présente une vue d'ensemble de la rentabilité des trois DAS. Compte tenu de mon impossibilité financière à couvrir toutes les charges en début d'activité, il y aura des choix stratégiques à faire et que je développerai dans la phase de présentation et de choix de scénario. Je procéderai par des choix réalistes tant en termes de budget qu'en termes de ressources humaines. L'idéal, c'est de ne pas trop dépendre des banques dès le début, pendant que rien n'est encore certain.

J'étudierai en premier, la possibilité de dérouler ou non le projet dans son intégralité, en démarrant les 3 DAS dès le début. Ensuite je regarderai si, au contraire, je devrais commencer avec deux DAS ou même un seul DAS, afin d'alléger les besoins de financement liés au démarrage de mes activités. Cette analyse va me permettre de déterminer l'orientation stratégique que je vais donner à ce projet.

## 10     Les piliers de l'entreprise

### 10.1     La Banalisation de l'offre

| BO (DAS 1 DAS 2 ET DAS 3) | | |
|---|---|---|
| FCS = PRODUCTIVITÉ | | |
| **MOTIVATION** | **OUTIL DE PRODUCTION** | **CONTROLE DE GESTION ET FORMATION** |
| Autonomie du personnel | Système d'installation efficace | Surveillance et contrôle de la production |
| Primes de rendement | Système d'arrosage, abreuvoirs et mangeoires de bonne qualité | Gestion informatisée des ventes |
| Participation de 50% aux dépenses de tabaski (fête de l'Aid) | Occupation géographique | Tenue rigoureuse d'un livre de recettes et de dépenses |
| Rapport de solidarité entre les membres du personnel | Personnel compétent | Comptabilité analytique et mise en place de KPI à surveiller |
| | Espace suffisant pour satisfaire la demande | Point de vigilance : former une personne aux pratiques de gestion courante et recruter un cabinet d'expertise comptable |
| | Point de vigilance : Nécessité d'étendre la ferme pour augmenter la capacité de production | |

### 10.2     Le Savoir-faire différenciateur

L'option du savoir-faire différenciateur sur le fourrage est une éventualité, même si pour le moment il n'est pas à l'ordre du jour. Il serait intéressant de proposer du fourrage spécial, différent de tout ce qui se fait actuellement, tant en termes de teneur en valeurs nutritionnelles qu'en termes de conditionnement, de Supply Chain etc. C'est un sujet que j'ai voulu brosser dans cette étude en guise de teasing.

| SFD (Fourrage en perspective) | | |
|---|---|---|
| **FCS = DIFFÉRENCIATION** | | |
| **INNOVATION** | **VEILLE CONCURRENTIELLE** | **MOTIVATION** |
| Réactivité face à la demande | Équipe dédiée à l'étude et l'écoute quotidienne du marché | Je suis moi-même la première source de motivation pour pérenniser la démarche de différenciation de l'entreprise |
| Boîte à idées | | |
| Anticipation de la demande | | |
| Fonds dédié au financement de nos démarches d'innover l'activité | Surveiller les pratiques de nos concurrents | Le management global |
| | Collaboration et partenariat avec les services vétérinaires | L'équipe technique |
| Création d'une Supply Chain efficace | Accompagnement des éleveurs | |
| Digitalisation de notre communication | Campagne de vaccination offerte | |
| Dépouillage mensuel de la boîte à idées | Étude prospective du marché | |
| | Assurer un suivi continu de la satisfaction des éleveurs | |

## 11      Les degrés de dépendance

Pendant les 3 premières années, de 2023 à 2025, nous serons fortement dépendants de nos partenaires extérieurs (actionnaires, clients, banques, fournisseurs, revendeurs), car c'est la période où l'effort devra être maintenu pour commencer à devenir vraiment rentable. Les dépendances sont cependant à des degrés divers, que je peux matérialiser sur ce graphique :

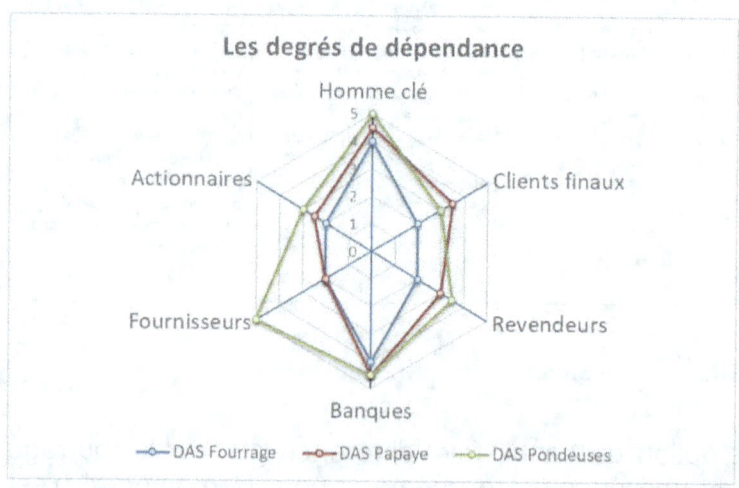

- Forte dépendance des banques les 3 premières années (de 2023 à 2025). Cette dépendance est causée non seulement par le manque de moyens financiers, mais également par le fait que tout démarrage d'activité nécessite du temps et des efforts pour se faire connaître et gagner des clients afin de rester pérenne.

- Très forte dépendance vis-à-vis de l'aliment de volaille pour le DAS Pondeuses. Cet aliment est formulé à base de maïs, de soja et d'autres produits de mélange. Le Sénégal n'est auto-suffisant dans aucune de ces céréales et il ne fabrique non plus, aucun intrant dans cet aliment, à part la farine de poisson.
- Notre dépendance envers les clients finaux est moindre sauf pour le DAS Papaye où il existe des produits de substitution à potentiel concurrentiel non négligeable si on n'est pas flexible sur les prix et sur l'approvisionnement.
- Notre dépendance envers les commerçants et les revendeurs est équilibrée car nous sommes complémentaires.
- Le projet est fortement corrélé avec ma capacité à relever le défi de sa réalisation.

## 12      Cohérence entre le CRF et la position stratégique

Le cadre de référence de notre entreprise repose sur la volonté de répondre à la problématique de l'alimentation du bétail et de l'accès des populations à certains produits « exotiques » tout en créant de la richesse et des profits pour assurer non seulement sa survie, mais aussi participer à la dynamique sociale par le financement de projets communautaires portés par les citoyens de la commune de Boulal. En plus d'offrir un cadre de travail épanouissant à nos salariés, j'attacherai du prix à respecter et faire respecter les valeurs fondamentales qui nous caractérisent, à savoir le respect et l'intégrité, l'audace et la bienveillance.

Notre vision, au-delà d'être leader dans tout ce que nous faisons est d'être innovant et responsable dans notre rapport à l'environnement.

| Cohérence | Incohérence |
|---|---|
| Introduction et exploitation à grande échelle de la culture fourragère qui est une réponse à notre volonté d'offrir un aliment de substitution aux éleveurs | Notre équilibre stratégique ne nous permet pas une autonomie financière toute l'année puisque la plus grosse marge est réalisée avec le DAS saisonnier de la Papaye (Das2). |
| L'image de précurseur et la forte occupation du marché sur les 3 DAS sont en parfaite cohérence avec notre ambition de créer de la richesse et de participer en même temps au développement local | Les moyens de notre ambition de développement local risquent d'être limités |
| Travailler avec des fournisseurs de l'énergie solaire colle parfaitement avec notre volonté de préserver l'environnement | Notre stratégie tournée vers l'innovation risque de demander beaucoup de ressources financières et de compétences extérieures non garanties |
| L'équilibre stratégique nous permet d'avoir des DAS Pondeuses et Fourrage qui favorisent des rentrées quotidiennes d'argent | |

# 13    Synthèse de la problématique

## 13.1    Les enjeux externes

Le projet est exposé à une forte dépendance au niveau du DAS Pondeuse à cause de notre exposition aux aléas du secteur de la provenderie. Ce DAS est en attractivité faible à cause d'un BFR énorme, supérieur aux investissements nécessaires pour les 2 autres DAS. Pour améliorer sa rentabilité, il faut augmenter les investissements et la productivité en bénéficiant des économies d'échelle que cela pourrait engendrer. En construisant d'autres poulaillers et en augmentant la production d'œufs, nous pourrons améliorer la rentabilité du DAS.

En ce qui concerne le DAS Papaye (Das2), nous n'avons pas de dépendances bloquantes à part la présence sur le marché de produits de substitution tels que la mangue, l'ananas et bien d'autres fruits. Cependant, malgré ce risque, une bonne politique de prix et une relation clientèle flexible nous garantiraient une place de leader pour notre papaye. Cela nous ouvrirait également les portes du marché national dans un avenir moyen terme.

Pour le DAS Fourrage, nous serons probablement confrontés au réflexe des éleveurs d'acheter les aliments industriels. Cependant, vu la qualité nutritive et la disponibilité annuelle de notre fourrage, je reste persuadé du renforcement de notre position de challenger sur ce DAS. Nous proposons un produit de substitution et nos efforts seront concentrés sur l'innovation et le maintien de nos piliers sociaux et managériaux.

L'environnement politique nous offre un cadre incitatif pour investir dans l'agriculture et l'élevage, car l'enjeu pour l'État est de résorber le déficit de la balance commerciale que nous avons sur les produits alimentaires et de consommation de masse. Je n'ai pas la capacité financière pour réaliser tous mes objectifs. Globalement, j'ai une très forte dépendance vis-à-vis des banques, des investisseurs et des organismes de financement de l'État. L'enjeu est de trouver les moyens idoines de mobiliser ces facteurs externes pour mener à bien mon projet.

### 13.2    Les enjeux internes

Mon apport personnel est minime face au besoin du projet. Il ne me permet pas d'éviter le recours au financement externe de mon projet. Le plus important en termes d'enjeux est de maintenir la motivation de l'équipe, créer dès aujourd'hui une culture interne forte en s'inspirant de nos histoires personnelles, de nos parcours et des leçons apprises de nos échecs. Il faudra renforcer les compétences de chaque salarié en misant sur une formation de qualité et aux standards internationaux. Ma vocation est d'instaurer le culte de l'effort et de la cohésion de groupe. Il faudra innover en ce sens en organisant des sessions de team building dont le concept est très récent au Sénégal.

Notre problématique consiste à répondre à ces enjeux auxquels nous faisons face :

• Nous sommes pionniers et leaders dans notre département dans le cadre de la production de papaye en grand volume

• Nous devons assurer une présence commerciale élargie et augmenter nos moyens de production pour satisfaire la demande globale

• Notre entreprise sera obligée de fabriquer elle-même son aliment pour le DAS Pondeuses

• Augmenter la rentabilité des 3 DAS pour pouvoir augmenter la production

• Maintenir la cohésion et l'implication du personnel

- Diminuer le BFR du DAS Pondeuses
- Augmenter la surface productive du DAS Fourrage et Papaye
- Renforcer notre image de précurseur et d'acteur du développement local

Après avoir défini la problématique et déterminé le diagnostic financier du projet, je vais maintenant plonger dans l'univers des possibles. En effet, plusieurs choix stratégiques s'offrent à moi pour exécuter ce projet d'entreprise. J'en sais un peu plus sur les marchés où je vais évoluer et me positionner. Mais encore faudrait-il avoir une idée claire sur les orientations possibles que pourraient prendre ces marchés et les réponses que je vais apporter afin de m'y adapter. C'est tout l'objet de cette deuxième phase de mon analyse stratégique basée entre autres sur plusieurs scénarios.

## 1. Stratégies possibles : Les évolutions probables de l'environnement

### 1.1 Évolution probable de l'environnement et son incidence sur le portefeuille des DAS

Il y a un certain nombre de variables que j'ai pris en compte dans mes choix stratégiques, car elles ont des impacts souvent directs ou indirects sur mes 3 DAS. J'ai identifié ces variables de l'environnement PESTEL dans le tableau suivant, en mettant en exergue la probabilité de leur occurrence à la hausse ou à la baisse et en me basant sur les deux indicateurs suivants :

• « Probable » signifie que le scénario a de fortes chances de se produire
• « Catastrophe » envisage l'occurrence du pire scénario

| | Variables | Probable | Catastrophe |
|---|---|---|---|
| 1 | Subvention des outils de production par l'État | Forte hausse | Subventions orientées vers d'autres priorités |
| 2 | Cours des matières premières (maïs, soja etc.) | A la hausse | Forte baisse |
| 3 | Pouvoir d'achat | Légère baisse | Forte baisse |
| 4 | Notoriété et image de marque | Forte hausse | Forte dégradation |
| 5 | Présence du digital | Va s'accentuer | Restrictions politiques |

### 1.1.1 Incidence des variables de l'environnement sur le DAS1

A travers les tableaux ci-dessous, je vais indiquer les impacts directs ou indirects que cette évolution des variables de l'environnement aura sur l'attractivité de mes DAS ainsi que sur la compétitivité de mon entreprise vis-à-vis de la concurrence.

| | Variables | Attractivité | Compétitivité |
|---|---|---|---|
| 1 | Subvention des outils de production par l'État | Forte attractivité du DAS grâce à l'accessibilité des moyens de production du fourrage | -Forte capacité à produire du fourrage et à alimenter d'autres marchés -J'aurais les moyens d'inciter les éleveurs à acheter mon fourrage plutôt que d'acheter les aliments industriels de mes concurrents |
| 2 | Cours des matières premières (maïs, soja etc.) | L'attractivité du DAS fourrage s'en trouve augmentée car cette hausse des matières premières peut engendrer un afflux des éleveurs vers les produits de substitution comme le fourrage | C'est paradoxal mais étant donné que le fourrage coûte beaucoup moins cher que les aliments industriels commercialisés par mes concurrents, l'impact de la hausse du prix de leurs matières premières me rendra très compétitif |
| 3 | Pouvoir d'achat | La légère baisse du pouvoir d'achat et la difficulté probable de l'État à la résorber peuvent impacter négativement l'attractivité du DAS. Certains éleveurs sont capables de vendre leur cheptel pour éviter qu'il soit décimé faute de nourriture suffisante | Le fait d'être compétitif sur ce DAS n'aura pas beaucoup d'impacts sur l'activité puisque mes clients n'auront pas assez d'argent pour acheter toute ma production |
| 4 | Notoriété et image de marque | Le marché local est très réceptif des initiatives prises par les ressortissants du terroir. L'effet pionner aide beaucoup à se faire un nom dans la région et profiter ainsi à l'ensemble des activités de l'entreprise. | Ma notoriété augmente de plus en plus avec mes succès commerciaux sur la vente d'œufs de consommation que je produis déjà. Cela augmente ma compétitivité sur le DAS1 puisque j'applique la même politique de prix |
| 5 | Présence du digital | Le digital a rendu mes DAS très attractifs dans la mesure où le paiement mobile a facilité grandement les transactions commerciales | J'applique une politique digitale agressive en facilitant l'accès de mes produits et leur paiement grâce au digital (site internet, plateforme de paiement mobile, livraison sur demande par sms, mail...) |

| | Variables | Attractivité | Compétitivité |
|---|---|---|---|
| 1 | **Subvention des outils de production par l'État** | Forte attractivité du DAS grâce à l'accessibilité des moyens de production de la papaye | -Forte capacité à produire de la papaye et à couvrir les besoins d'autres marchés |
| 2 | **Cours des matières premières (maïs, soja etc.)** | Aucun impact significatif sur le DAS | Aucun impact sur ma compétitivité |
| 3 | **Pouvoir d'achat** | La légère baisse du pouvoir d'achat et la difficulté probable de l'État à la résorber peuvent impacter négativement l'attractivité du DAS. Les consommateurs sont prompts à acheter les produits de première nécessité en cas de difficultés financières. Mais si l'État poursuit ses subventions des outils de production, cela pourrait jouer favorablement sur le prix des papayes | Le fait d'être compétitif sur ce DAS n'aura pas beaucoup d'impacts sur l'activité puisque mes clients n'auront pas assez d'argent pour acheter toute ma production, à moins que je profite des subventions de l'État pour baisser davantage mes prix |
| 4 | **Notoriété et image de marque** | Le marché local est très réceptif des initiatives prises par les ressortissants du terroir. L'effet pionner aide beaucoup à se faire un nom dans la région et profiter ainsi à l'ensemble des activités de l'entreprise. | Ma notoriété augmente de plus en plus avec mes succès commerciaux sur la vente d'œufs de consommation que je produis déjà. Cela augmente ma compétitivité sur le DAS2 puisque j'applique la même politique de prix |
| 5 | **Présence du digital** | Le digital a rendu mes DAS très attractifs dans la mesure où le paiement mobile a facilité grandement les transactions commerciales | J'applique une politique digitale agressive en facilitant l'accès de mes produits et leur paiement grâce au digital (site internet, plateforme de paiement mobile, livraison sur demande par sms, mail...) |

| | Variables | Attractivité | Compétitivité |
|---|---|---|---|
| 1 | **Subvention des outils de production par l'État** | Forte attractivité du DAS grâce à la capacité offerte par l'État de subventionner la construction de poulaillers plus grands | -Forte capacité à produire des œufs et à couvrir les besoins d'autres marchés |
| 2 | **Cours des matières premières (maïs, soja etc.)** | Énorme impact sur l'attractivité du DAS. En effet, le maïs et le soja sont les matières premières de base de l'aliment de volaille. L'augmentation de leur cours provoque la hausse concomitante du prix de revient du sac d'aliment | Cette hausse du prix de l'aliment de volaille peut nuire à ma compétitivité si demain je découvre un nouveau concurrent plus puissant que moi et qui aura plus de capacité de négociation chez les fournisseurs |
| 3 | **Pouvoir d'achat** | La légère baisse du pouvoir d'achat et la difficulté probable de l'État à la résorber peuvent impacter négativement l'attractivité de ce DAS3. Les consommateurs peuvent diminuer ou abandonner la consommation de viande au profit d'aliments moins coûteux (couscous, poissons, légumes...) | Le fait d'être compétitif sur ce DAS n'aura pas beaucoup d'impacts sur l'activité puisque mes clients n'auront pas assez d'argent pour acheter toute ma production |
| 4 | **Notoriété et image de marque** | Le marché local est très réceptif des initiatives prises par les ressortissants du terroir. L'effet pionner aide beaucoup à se faire un nom dans la région et profiter ainsi à l'ensemble des activités de l'entreprise | Ma notoriété augmente de plus en plus avec mes succès commerciaux sur la vente d'œufs de consommation que je produis déjà. Cela augmente ma compétitivité sur le DAS3 puisque j'applique la même politique de prix. Mais la hausse probable des matières premières va sûrement m'amener à reconsidérer la situation |
| 5 | **Présence du digital** | Le digital a rendu mes DAS très attractifs dans la mesure où le paiement mobile a facilité grandement les transactions commerciales | J'applique une politique digitale agressive en facilitant l'accès de mes produits et leur paiement grâce au digital (site internet, plateforme de paiement mobile, livraison sur demande par sms, mail...) |

## 1.1.4 Impact sur la typologie des DAS

En conclusion de cette analyse de l'évolution très probable des variables de l'environnement, je peux dire que la typologie de mes DAS n'en sera pas affectée ou modifiée.

La papaye reste un DAS en SFD et les autres, des DAS en BO.

La dépendance du DAS 3 vis à vis de la provende est plus qu'handicapante et pourrait me pousser à envisager de fabriquer mes propres aliments. Pour les autres DAS, le plus important est d'optimiser les coûts de production, d'assurer la bonne distribution et de rendre les produits accessibles financièrement. La notoriété de mon entreprise et son image de précurseur local joueront fortement en ma faveur.

## 1. 2 Réponses globales de l'entreprise

| Variables | Hypothèses favorables | Stratégies | Hypothèses défavorables | Stratégies |
|---|---|---|---|---|
| Subvention des outils de production par l'État | -Forte hausse des subventions de l'État pour l'acquisition de matériels de production | - produire des dossiers de demande de subvention de qualité<br>- achat de matériels de production robustes et multifonctionnels<br>- augmentation des surfaces à exploiter<br>- intensifier le recrutement de saisonniers | -Subventions orientées vers d'autres priorités étatiques | -Différencier mes produits et services<br>-Se concentrer sur un DAS moins lourd en investissements |
| Cours des matières premières (maïs, soja etc.) | -augmentation des cours mondiaux | -augmenter ma capacité de production de fourrage<br>-fabriquer moi-même mon aliment de volaille en cultivant du maïs et en acheter aussi | -baisse des cours des matières premières | -mettre les moyens sur le marketing pour imposer le choix du fourrage dans les habitudes d'achat d'aliments de bétail des éleveurs<br>-paradoxalement, cette baisse des matières premières impactera à la baisse le prix des aliments de volaille |
| Pouvoir d'achat | -politique de soutien aux ménages | -intensifier les actions commerciales et marketing<br>-renforcer la force de vente et les circuits de distribution | -subventions des aliments industriels pour le bétail | - mettre les moyens sur le marketing pour imposer le choix du fourrage dans les habitudes d'achat d'aliments de bétail des éleveurs |

| | | | | |
|---|---|---|---|---|
| **Notoriété et image de marque** | -ancrage fort dans le tissu économique de la région | -multiplication des campagnes marketing pour renforcer notre image de marque -nouer des partenariats avec des distributeurs dans les autres régions | -présence d'un concurrent plus puissant que moi sur le terrain | -renforcement de notre communication de marque -financement d'actions de solidarité locales -renforcer nos liens avec nos distributeurs -mettre en place des programmes de fidélisation et des campagnes de promotions sur nos produits |
| **Présence du digital** | -forte utilisation du digital | -renforcer le développement de nos outils digitaux pour faciliter nos interactions avec nos clients -cibler les jeunes -établir des partenariats avec les opérateurs téléphoniques | -maillage digital faible -utilisation insuffisante des appareils digitaux | -s'adapter à la réalité du terrain tout en cherchant des alternatives ou en s'associant aux opérateurs du digital dans la recherche de solutions pour un meilleur maillage local |

## 2 Les quatre axes stratégiques possibles

Il y a quatre axes stratégiques possibles : le rééquilibrage, la continuité, la diversification et le recentrage. **Le rééquilibrage suppose que l'activité a déjà commencé depuis au moins une ou deux années. Ce n'est pas mon cas. Cet axe stratégique ne sera pas abordé dans mon étude, car on rééquilibre des DAS qui fonctionnent déjà.**

Dans ce tableau, je présente les 3 différents scénarios susceptibles d'être choisis dans le cadre de ma détermination des choix stratégiques pour l'entreprise. Après les avoir décrits, je présente leurs objectifs, les enjeux dont il est question, les DAS concernés, les facteurs clés de succès, leurs avantages et leurs inconvénients.

| | Scénario 1 : Continuité | Scénario 2 : Diversification | Scénario 3 : Recentrage |
|---|---|---|---|
| Description | Démarrer les 3 DAS en même temps | Se diversifier sur deux DAS | Se recentrer sur deux DAS |
| Objectifs | -mettre en œuvre tout de suite la stratégie globale de l'entreprise<br>-se construire rapidement un portefeuille de clients variés<br>-plonger tout de suite dans l'environnement global de l'entreprise | -se concentrer sur la cible des éleveurs<br>-regrouper les 2 activités qui ciblent les animaux<br>-se diversifier dans la production d'aliment de volaille<br>-augmenter les revenus de l'entreprise en distribuant des produits vétérinaires | -cibler les éleveurs et le consommateur lambda (papaye)<br>-minimiser les investissements tout en étant rentable<br>-accumuler de la trésorerie |
| Enjeux | -maîtriser rapidement le marché<br>-déterminer les axes d'amélioration sur lesquels travailler plus tard<br>-être opérationnel et peaufiner une vision globale sur le futur | -rester dans l'alimentation des animaux et la commercialisation de leurs produits (œufs)<br>-recherche d'indépendance vis-à-vis de mes concurrents fournisseurs en provende<br>-élargissement de ma cible de clientèle vers les éleveurs de volailles<br>-assurer le suivi prophylactique du cheptel de mes clients | -se focaliser et concentrer les moyens de l'entreprise sur ces 2 activités de production alimentaire<br>-atteindre mes objectifs tout en étant efficient |
| DAS | DAS1 + DAS2 + DAS3 | DAS1 + DAS3 | DAS1 + DAS2 |
| FCS majeurs | -j'aurai besoin de **180.592.71€** qui viendront en complément de mon apport personnel de **46.221,38 €** pour démarrer l'ensemble de mes activités. L'argent est le facteur clé de succès majeur<br>-acquisition de moyens (camion, système d'irrigation...) -compétences commerciales et marketing<br>-une bonne organisation interne | -maîtrise des techniques d'élevage et du suivi prophylactique<br>-contrôle rigoureux et quotidien de l'hygiène des poulaillers et du matériels (mangeoires, abreuvoirs etc.)<br>-connaissance technique en produits phytosanitaires (pour le fourrage)<br>-production et approvisionnement du marché dans les délais<br>-une bonne organisation interne | -maîtrise des techniques agricoles et l'utilisation des bons fertilisants<br>-compétences commerciales et marketing<br>-supply chain performante<br>-capacité à satisfaire le marché<br>-maîtrise des techniques de stockage et de conservation des fruits<br>-une bonne organisation interne |

| | | | |
|---|---|---|---|
| Avantages | -démarrage de toutes les activités en une seule fois<br>-possibilité d'apprendre et de tester la viabilité du scénario dès la première année | -je produirai moi-même mon propre aliment pour la volaille<br>-une cible variée d'éleveurs de bétail et de poules (quand je commencerai la fabrication d'aliments pour la volaille, j'en vendrai également aux autres éleveurs)<br>-diversification reliée | -ce scénario est peu gourmand en investissements<br>-il a une rentabilité avérée<br>-marché neuf à exploiter et à dominer |
| Inconvénients | -un BFR très élevé surtout pour le DAS3<br>-mobilisation simultanée de moyens matériels et humains de qualité | -investissement lourd en machines pour fabriquer l'aliment de volaille<br>-nécessité de trouver d'autres surfaces agricoles pour cultiver le maïs<br>-un BFR très élevé surtout pour le DAS3 | -savoir-faire technique à maîtriser tout au long du cycle de production<br>-assurer une formation technique des employés en permanence<br>-prévoir d'autres terres en cas de croissance de l'entreprise et de nécessité d'élargir notre zone de chalandise |

Après avoir présenté les 3 scénarios que je vais étudier minutieusement, je vais les examiner de plus près et les évaluer selon des critères bien définis.

## 2.1 Scénario 1 : La Continuité

Ce tableau constitue un petit rappel de notre matrice couples produits/clients et leurs parts dans le chiffre d'affaires total des activités de l'entreprise :

| Domaines d'activité | Éleveurs | Commerçants / Revendeurs | Particuliers /Ménages | Total |
|---|---|---|---|---|
| DAS 1 (Fourrage) | CA = 10% | CA = 5% | CA = 2% | 17% |
| DAS 2 (Papaye) | - | CA = 40% | CA = 6% | 46% |
| DAS 3 (Œufs) | - | CA = 30% | CA = 7% | 37% |
| Total | 10% | 75% | 15% | 100% |

La continuité consiste à démarrer l'ensemble des DAS en même temps. Pour ce faire, il faudrait que je trouve l'argent nécessaire pour couvrir l'ensemble de mes besoins pour démarrer ces 3 DAS et qui s'élèvent à 226 814,09€. Mon apport personnel et les subventions ne seront pas suffisants pour couvrir ces besoins.

Vue mon incapacité financière à mettre en œuvre ce choix stratégique, la continuité n'est pas adaptée à ma situation actuelle. Je dois choisir une option stratégique qui me permettrait de prendre moins de risques financiers et organisationnels. Je vais étudier donc les autres options stratégiques.

### 2.1.1 L'attractivité du scénario 1

Ce tableau traite de l'attractivité du scénario 1. Il y a 5 critères sur lesquels ils vont être examinés : risque, compatibilité avec le CRF, profit, coût et impacts internes. Un score sera établi pour chaque scénario afin de déterminer le scénario le plus attractif. Il n'y a pas de pondération, car tous les critères sont d'égale importance.

| Scénario 1 : DAS 1 + DAS 2 + DAS 3 | | |
|---|---|---|
| **CRITERES** | **NOTE sur 5** | **ARGUMENTS** |
| **Risques** | 2 | J'ai un apport de 46.221,38€ sur un besoin total de 226.814,09€. Le manque de ressources financières suffisantes constitue un risque majeur pour mettre en œuvre ce scénario qui nécessite le démarrage de tous les DAS |
| **CRF** | 5 | C'est le scénario qui reflète la vision même du projet. Sa réalisation serait conforme aux enjeux stratégiques globaux de l'entreprise |
| **Profit** | 3 | C'est un scénario profitable, mais le DAS3 nécessite un très gros BFR, ce qui affecte la trésorerie |
| **Coût** | 2 | Le coût est assez élevé. Il constitue un défi majeur à relever, ce qui n'est pas garanti. Les ressources financières constituent le facteur clé de succès majeur car elles me permettraient d'assurer les investissements techniques et humains |
| **Impacts internes** | 3 | Le scénario est orienté vers la cible de clientèle initiale. Il demande une organisation interne assez rigoureuse car les moyens matériels et humains seront mobilisés dès le premier jour d'activité |
| **TOTAL** | 15 / 25 | |

### 2.1.2 La compétitivité du scénario 1

Ce tableau traite de la compétitivité du scénario 1. Celle-ci est basée sur les FCS définis plus haut dans l'étude. Ils sont regroupés en 3 grands critères. Un score sera établi pour chaque FCS afin de déterminer le niveau de compétitivité de l'entreprise par rapport à ce scénario. Je n'utilise pas la pondération car les FCS sont d'égale importance en termes d'enjeux pour l'entreprise.

| FCS (DAS1 + DAS2 + DAS 3) | DAS 1 | | DAS 2 | | DAS 3 | |
|---|---|---|---|---|---|---|
| Ressources financières suffisantes, capacité de production et supply chain performante | Je dispose de 46.221,38€ d'apport personnel sur un besoin total en financement de 64.997,41€ | 4 | Je dispose de 46.221,38€ d'apport personnel sur un besoin total en financement de 13.809,12€ | 5 | Je dispose de 46.221,38€ d'apport personnel sur un besoin total en financement de 148.007,56€ | 2 |
| Matériels et installations et BFR | Mon apport personnel ne me permet pas de financer le DAS | 1 | Mon apport personnel me permet d'acheter le matériel nécessaire pour ce DAS et de financer son BFR | 5 | Mon apport personnel ne me permet ni d'acheter le matériel nécessaire pour ce DAS ni de couvrir son BFR | 1 |
| Compétences techniques, commerciales et marketing de mon équipe | Je dispose d'une bonne équipe et je bénéficie aussi de l'accompagnement de l'ADEPME pour la formation de mes salariés | 5 | Je dispose d'une bonne équipe et je bénéficie aussi de l'accompagnement de l'ADEPME pour la formation de mes salariés | 5 | Je dispose d'une bonne équipe et je bénéficie aussi de l'accompagnement de l'ADEPME pour la formation de mes salariés | 5 |
| Risques | Le risque lié aux insectes et aux nuisibles est bien présent et demande un suivi opérationnel régulier. | 3 | Le risque lié aux insectes et aux nuisibles est bien présent et demande un suivi opérationnel régulier. | 3 | Je manque de ressources financières solides. Je dépends fortement des fournisseurs d'aliments. L'hygiène des poulaillers est fondamentale vue la fragilité des poules. | 2 |
| CRF | Ce scénario est en phase avec mon CRF | 5 | Ce scénario est en phase avec mon CRF | 5 | Ce scénario est en phase avec mon CRF | 5 |

| | | | | | | |
|---|---|---|---|---|---|---|
| Profit | Le CA est moyen (54.961,83€), ce qui impacte sur le niveau de marge. Mais le seuil de rentabilité est moyen également (10.656,47€). | 3 | Le seuil de rentabilité est moyen (20.404,55€) mais le CA est très bon (152.671,75€), ce qui permet de dégager une marge plus intéressante que le DAS1. | 4 | Le profit généré peut être conséquent à condition d'augmenter les investissements, car le BFR est trop élevé (119.374,04€) pour un seuil de rentabilité de 165.829,66€) et un CA de 201.911,45€). | 2 |
| Coût | 53.012,68€ | 2 | 3.885,46€ | 5 | 28.633,52€ | 3 |
| Impacts internes | L'organisation interne n'est pas bousculée dans ce DAS par ce scénario, et la cible reste la même. Mais il y aura un effort marketing et commercial certain à fournir afin de convaincre les éleveurs d'acheter notre fourrage. | 3 | L'organisation interne n'est pas bousculée dans ce DAS par ce scénario, et la cible reste la même. Mais il faudra mettre en place une stratégie marketing et commerciale percutante pour inonder le marché de nos papayes. | 3 | L'organisation interne n'est pas bousculée dans ce DAS par ce scénario, et la cible reste la même. | 4 |
| SCORE COMPÉTITIVITÉ | 85 / 120 | 26/40 | | 35/40 | | 24/40 |

### 2.1.3 La matrice Mc Kinsey du scénario 1

En termes d'attractivité pour ce scénario 1, j'estime que le fait d'avoir la possibilité de démarrer tout de suite mes activités serait l'idéal dans le sens où j'aurais toute la liberté de tester ma stratégie sans attendre une approbation bancaire, évaluer la viabilité du projet au quotidien, anticiper et corriger dans les temps les erreurs de gestion ou de stratégie. Je serais également beaucoup plus réactif pour anticiper et faire face à la réaction des concurrents, ce qui serait un gros avantage pour moi.

Ce scénario constitue un test d'évaluation stratégique assez pragmatique, mais malheureusement ma solidité financière ne me permet pas de l'envisager ; ce qui en fait un inconvénient majeur.

En termes d'attractivité, ce scénario 1 ne conduit pas à une réaction agressive de la concurrence dans la mesure où le marché est très vaste et très absorbant. Le scénario 1 demande de la mobilisation importante de ressources humaines et surtout financières, ce qui peut constituer un frein à son déploiement.

En termes de profitabilité, cette stratégie est rentable même si cette rentabilité sera atténuée par les difficultés non-négligeables que constitue l'atteinte des objectifs financiers du DAS3.

Le démarrage simultané de mes 3 DAS aurait un impact énorme sur notre image et notre notoriété, car comme je l'ai dit plus haut, nous évoluons dans une zone où les investissements privés de cette envergure sont rares et les facteurs clés de succès ne sont jamais tout à fait maîtrisés. Cela est dû au fait que, culturellement, nous n'avons pas le réflexe de l'étude de marché ou d'impact. Dans nos sociétés africaines, même « modernes » aujourd'hui, l'entrepreneuriat est souvent mené au petit bonheur la chance. Par conséquent, quand une entreprise réussit à s'installer et à faire du profit, elle a un impact social considérable car elle participe financièrement au développement local (embauches, paiement des impôts locaux, financement d'œuvres caritatives…).

Ce scénario est cohérent avec mon cadre de référence dans la mesure où il applique la vision de mon projet et il favorise également la mise en œuvre globale et complète du business model et de la stratégie définie depuis le début.

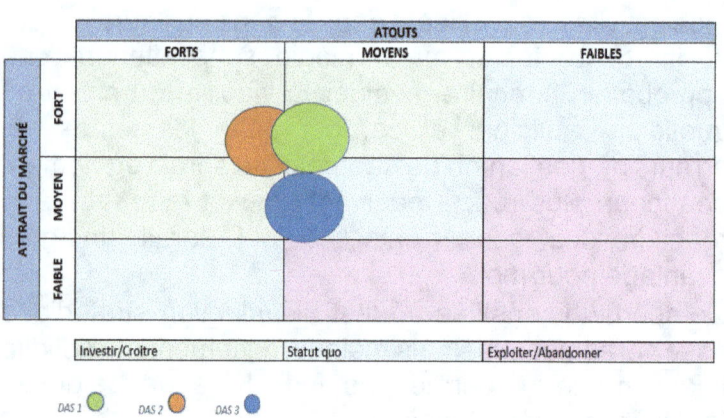

| BMC du Scénario 1 | Tous les DAS | | | |
|---|---|---|---|---|
| **Partenaires clés** | **Activités Clés** | **Propositions de valeur** | **Relation Client** | **Mes Clients** |
| -Revendeurs et commerçants<br>-Mes fournisseurs<br>-Ma banque<br>-L'État, par le biais de ses agences de développement comme l'ADEPME ou le PAISD<br>-Les fonds des Sénégalais de la Diaspora (FONGAD)<br>-Nos clients satisfaits et ambassadeurs de nos produits | -Gestion des intrants (boutures de fourrage, plants de papaye, aliment de volaille)<br>-Nettoyage des poulaillers<br>-Entretien et traitement des sols<br>-Surveillance et lutte contre les nuisibles<br>-Gestion financière et comptable<br>-Formation des employés<br>-Prospection et communication<br>**Ressources clés**<br>-Les employés<br>-La supply-chain globale<br>-Nos partenaires revendeurs<br>-Les agences d'accompagnement de l'État<br>-La banque | -Offrir au client de l'aliment de bétail sain et bio<br>-Assurer un approvisionnement en papaye bio<br>-Offrir des œufs de table frais dont la durée de stockage ne dépasse pas 20 jours<br>-Assurer un système de traçabilité de tous nos produits<br>-Offrir des produits du terroir<br>-Engagement personnel et implication des clients éleveurs dans le développement de la commune de Boulal | -Paiement à crédit accordé aux revendeurs performants<br>-Programme de fidélité établi avec les grands commerçants<br>-Offre de services vétérinaires aux gros clients<br><br>**Canaux**<br>-Livraison à domicile pour les éleveurs particuliers<br>-Camionnette<br>-Vente directe de nos produits à la ferme | -Les éleveurs de bétail nomades et sédentaires<br>-Les revendeurs sur les marchés<br>-Les commerçants dans les boutiques physiques<br>-Les ménages |
| **Coûts** | | | **Revenus** | |
| - Achat de camion pour la distribution des produits<br>-Acquisition de matériels d'élevage et d'équipement des poulaillers<br>-Achat de matériels pour le système d'irrigation<br>-Coût de l'eau<br>-Installation solaire<br>-Hangars et bâtiments de stockage pour le fourrage et la papaye<br>-Bâtiment pour le gardien<br>-Salaires, carburant, formation, logiciels | | | -Vente de notre fourrage, de la papaye et des œufs<br>-Les subventions de l'État | |

Ce scénario de la continuité suggère le démarrage de tous les DAS en même temps. L'un de ses gros avantages est de mettre en œuvre tout de suite la stratégie globale de l'entreprise, tout en collant parfaitement à mon CR. Un des plus gros inconvénients est qu'il demande une mobilisation simultanée de tous les moyens humains et matériels de l'entreprise. Cela demande une grosse mobilisation de trésorerie pour faire face notamment au BFR très élevé du DAS3. Cela constitue un risque financier certain et cela peut également entacher notre crédibilité future. En d'autres termes, ce scénario n'est pas adapté à ma situation actuelle.

## 2.2    Scénario 2 : La Diversification

Ce tableau présente les différentes possibilités de se diversifier.

| N° | DAS | Diversification | Avantages | inconvénients |
|---|---|---|---|---|
| DAS 1 | Fourrage | Vente et distribution de produits prophylactiques destinés aux éleveurs de bétail | - j'offrirais des produits et des services complémentaires aux éleveurs<br>-j'aurais une expérience technique en gestion de la santé animale<br>-augmentation du CA | -je manque de légitimité et je risque le rejet du marché ou son incompréhension pour cette diversification<br>- obtention de la licence de distribution de ces produits réglementés<br>-risque de perte de l'image de précurseur que j'ai déjà acquise |
| DAS 2 | Papaye | Fabrication de jus de papaye en bouteilles et en canettes | -j'augmenterais sensiblement le CA<br>-le jus de fruit est très prisé au Sénégal et il est consommé à toutes les occasions<br>-j'élargirais ma clientèle en visant les clients institutionnels (hôpitaux, écoles, universités, hôtels etc.)<br>-le jus de papaye en bouteille ou en canette est plus pratique à consommer que le fruit lui-même | -cela nécessite un financement très lourd pour acheter des machines industrielles, recruter et former le personnel, trouver un site industriel<br>-le BFR est très élevé<br>-la trésorerie n'est pas garantie dès la première année<br>-demande de gros moyens logistiques, marketing et commerciaux |
| DAS 3 | Œufs | Fabrication de l'aliment de volaille | -ce serait une diversification reliée à mon activité avicole<br>-j'en serais le premier bénéficiaire car je serais autonome en provende et moins dépendant de mes concurrents fabricants d'aliments industriels<br>-augmentation du CA et maîtrise des coûts de production | -cela demande des investissements lourds dans des installations industrielles<br>-un BFR exorbitant<br>-cela nécessite également une supply-chain performante et des moyens logistiques efficaces afin d'assurer l'approvisionnement du marché<br>-j'aurais besoin de financements assez lourds et risqués<br>-je dépendrais malgré tout du cours des matières premières<br>-j'aurais besoin de grandes surfaces agricoles pour cultiver le maïs si je veux obtenir une indépendance totale |

En conclusion, je dirai que la diversification est un moyen très sérieux d'augmenter le chiffre d'affaires de mon entreprise et améliorer ainsi sa trésorerie. Elle a l'avantage d'élargir sa cible et de créer de nouveaux portefeuilles clients. Cependant, il existe un risque de me disperser ou de sortir de mon cadre de référence car l'image de l'entreprise peut en pâtir. L'image d'une entreprise est véhiculée par ses activités et son cadre de référence, ce qui en fait son identité. Si je me lance tout de suite dans la diversification je risque de ne plus avoir d'identité claire aux yeux des consommateurs.

### 2.2.1 L'attractivité du scénario 2

| Scénario 2 : DAS 1 + DAS 3 | | |
|---|---|---|
| CRITERES | NOTE sur 5 | ARGUMENTS |
| Risques | 2 | Le manque de ressources financières suffisantes constitue un risque majeur pour mettre en œuvre ce scénario. Le DAS 3 nécessite un BFR très élevé pour son démarrage et son exploitation. Je suis trop dépendant vis-à-vis des fournisseurs. |
| CRF | 4 | Le scénario correspond à notre cadre de référence. L'objectif est de générer de la trésorerie pour réaliser les objectifs stratégiques. Assurer le suivi prophylactique crée des liens avec les éleveurs. Un des volets de notre cadre de référence est la bienveillance, car « elle permet de créer un climat de confiance, de sécurité et d'entre-aide mutuelle ». |
| Profit | 4 | Les 2 DAS sont profitables et représentent 54% du CA global de l'entreprise. Ce scénario va changer le Business model des 2 DAS à la suite de la diversification de l'activité. |
| Coût | 2 | Les investissements et le BFR sont très élevés pour le DAS 3. Une formation vétérinaire sera nécessaire pour assurer le suivi prophylactique des animaux. |
| Impacts internes | 3 | Le scénario reste orienté vers la même cible de clients même si un nouveau service vétérinaire viendra élargir notre offre. Une formation sera nécessaire. |
| TOTAL | 15 / 25 | |

Ce tableau traite de la compétitivité du scénario 1. Celle-ci est basée sur les FCS définis plus haut dans l'étude. Ils sont regroupés en 3 grands critères. Un score sera établi pour chaque FCS afin de déterminer le niveau de compétitivité de l'entreprise par rapport à ce scénario. Je n'utilise pas la pondération car les FCS sont d'égale importance en termes d'enjeux pour l'entreprise.

| FCS (DAS1 + DAS 3) | DAS 1 | | DAS 3 | |
|---|---|---|---|---|
| Ressources financières suffisantes, capacité de production et supply chain performante | Je dispose de 46.221,38€ d'apport personnel sur un besoin total en financement de 64.997,41€ | 4 | Je dispose de 46.221,38€ d'apport personnel sur un besoin total en financement de 148.007,56€ | 2 |
| Matériels et installations et BFR | Mon apport personnel ne me permet pas de financer le DAS | 1 | Mon apport personnel ne me permet ni d'acheter le matériel nécessaire pour ce DAS ni de couvrir son BFR | 1 |
| Compétences techniques, commerciales et marketing de mon équipe | Je dispose d'une bonne équipe et je bénéficie aussi de l'accompagnement de l'ADEPME pour la formation de mes salariés | 5 | Je dispose d'une bonne équipe et je bénéficie aussi de l'accompagnement de l'ADEPME pour la formation de mes salariés | 5 |
| Risques | Le risque lié aux insectes et aux nuisibles est bien présent et demande un suivi opérationnel régulier. | 3 | Je manque de ressources financières solides. Je dépends fortement des fournisseurs d'aliments. L'hygiène des poulaillers est fondamentale vue la fragilité des poules. | 2 |
| CRF | Ce scénario est en phase avec mon CRF | 5 | Ce scénario est en phase avec mon CRF | 5 |
| Profit | Le CA est moyen (54.961,83€), ce qui impacte sur le niveau de marge. Mais le seuil de rentabilité est moyen également (10.656,47€). | 3 | Le profit généré peut être conséquent à condition d'augmenter les investissements, car le BFR est trop élevé (119.374,04€) pour un seuil de rentabilité de 165.829,66€) et un CA de 201.911,45€). | 2 |
| Coût | 53.012,68€ | 2 | 28.633,52€ | 3 |
| Impacts internes | L'organisation interne n'est pas bousculée dans ce DAS par ce scénario, et la cible reste la même. Mais il y aura un effort marketing et commercial certain à fournir afin de convaincre les éleveurs d'acheter notre fourrage. | 3 | L'organisation interne n'est pas bousculée dans ce DAS par ce scénario, et la cible reste la même. | 4 |
| SCORE COMPÉTITIVITÉ | 50 / 80 | 26/40 | | 24/40 |

## Ce scénario a deux principaux avantages :

• La diversification de mon activité par la vente de produits vétérinaires et par la fabrication de mon propre aliment pour la volaille.

• L'augmentation du chiffre d'affaires ; ce qui me permet d'avoir une CAF solide pour envisager in investissement ou rembourser mes dettes par exemple.

En termes de **profitabilité**, le DAS 1 et le DAS 3 constituent **63 % du chiffre d'affaires** global mais ne réalisent que **32 % des bénéfices de l'activité globale**. Cette situation est due au BFR très élevé du DAS3 qui nécessite un accroissement de son investissement pour pallier ce déséquilibre financier. Ce scénario déséquilibre malheureusement le portefeuille à cause de ce DAS3 gourmand en fonds de roulement. Je risque de me disperser avec cette diversification de l'activité. En effet, la fabrication d'aliments de volaille demande de faire encore appel aux investisseurs externes et cela constitue un risque majeur de perdre le contrôle de mon entreprise. En plus, je devrais recruter du personnel supplémentaire formé et motivé pour s'occuper de cette activité industrielle et de la vente de produits vétérinaires. Je n'en ai pas les moyens pour le moment.

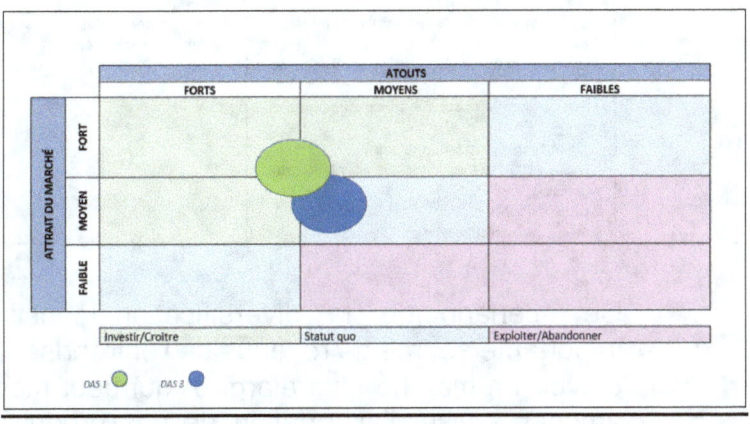

| BMC du Scénario 2 | DAS 1 + DAS 3 | | | |
|---|---|---|---|---|
| Partenaires clés | Activités Clés | Propositions de valeur | Relation Client | Mes Clients |
| -Les revendeurs et les commerçants<br>-Mes fournisseurs<br>-Ma banque<br>-L'État, par le biais de ses agences de développement comme l'ADEPME ou le PAISD<br>-Les fonds des Sénégalais de la Diaspora (FONGAD)<br>-Nos clients satisfaits et ambassadeurs de nos produits | -Gestion des intrants (boutures de fourrage et aliment de volaille)<br>-Nettoyage des poulaillers<br>-Entretien et traitement des sols pour le fourrage<br>-Surveillance et lutte contre les nuisibles<br>-Gestion financière et comptable<br>-Formation des employés et acquisition de nouvelles compétences<br>-Prospection et communication | -Offrir au client du fourrage de qualité et bio<br>-Offrir des œufs de table frais dont la durée de stockage ne dépasse pas 20 jours<br>-Assurer un système de traçabilité de tous nos produits<br>-Offrir des produits du terroir<br>-Engagement personnel et implication des clients éleveurs dans le développement de la commune de Boulal<br>-Offrir des services vétérinaires à nos éleveurs | -Paiement à crédit accordé aux revendeurs performants<br>-Programme de fidélité établi avec les grands commerçants<br>-Offre de services vétérinaires aux gros clients<br>-Programmes de test de notre provende destiné à nos prospects | -Les éleveurs de bétail nomades et sédentaires<br>-Les revendeurs sur les marchés<br>-Les commerçants dans les boutiques physiques<br>-Les ménages<br>-Les aviculteurs |
| | Ressources clés | -Offrir de l'aliment de volaille à nos clients aviculteurs grâce à notre activité complémentaire de fabrication d'aliments | Canaux | |
| | -Les employés<br>-La supply-chain<br>-Relation avec nos revendeurs<br>-Les agences de l'État<br>-Mon banquier | | -Livraison à domicile pour les éleveurs particuliers<br>-Camionnette<br>-Vente directe de nos produits à la ferme | |
| Coûts | | | Revenus | |
| -Achat de camion pour la distribution du fourrage et des œufs<br>-Acquisition de matériels d'élevage et d'équipement des poulaillers<br>-Achat de matériels pour le système d'irrigation du fourrage<br>-Coût de l'eau + Installation solaire<br>-Hangars et bâtiments de stockage pour le fourrage et les œufs<br>-Bâtiment pour le gardien<br>-Salaires, carburant, formation, logiciels | | | -Vente de notre fourrage et des œufs<br>-Les subventions de l'État | |

Ce scénario de la diversification constitue une importante source de revenus de l'entreprise. Il permet d'avoir un marché plus élargi et qui peut même nous amener à viser l'exportation de nos produits vers la sous-région. Mais ce scénario demande un lourd investissement tant au niveau financier et matériel qu'au niveau humain. En effet il requiert des recrutements pointus et un programme de formation des employés de niveau industriel.

Ce tableau présente les avantages et les inconvénients du recentrage pour chaque DAS.

| N° | DAS | Avantages | Inconvénients |
|---|---|---|---|
| DAS 1 | Fourrage | -je maîtriserai les coûts de production car j'aurai la possibilité de cultiver mes propres plants de bouture dès la deuxième année de production<br>-vendre de la nourriture pour le bétail qui est issue du terroir est un challenge excitant pour moi car cela me permettra d'aller à la rencontre des éleveurs et de discuter avec eux en créant du lien social et en instaurant de la confiance en mes produits<br>-le modèle de production est aussi bien durable que rentable<br>-la culture du fourrage ne nécessite pas des investissements lourds et son cycle de récolte est très long permettant une production continue de nourriture pour le bétail<br>-le fourrage contribue de manière forte à l'accroissement de la production laitière dans la région | -j'aurai besoin d'une plus grande surface à cultiver si je veux élargir ma zone de chalandise<br>-je dois être très vigilant et éviter qu'on utilise l'engrais chimique car je veux éviter la dégradation des sols<br>-il faudra une surveillance accrue des rampants et des volants<br>-j'aurai besoin d'une supply chain performante et des moyens logistiques efficaces afin d'assurer l'approvisionnement constant du marché<br>-je dois beaucoup travailler sur le terrain pour convaincre les éleveurs d'acheter mon fourrage au détriment des aliments industriels |
| DAS 2 | Papaye | -la papaye donne des fruits 6 mois après sa plantation et cela me permettrait de rentabiliser l'activité très rapidement en ayant également une trésorerie confortable<br>-le fait de vendre des fruits issus du terroir constitue un énorme coup de publicité pour moi et cela renforce mon image de précurseur et la notoriété de l'entreprise<br>-le modèle de production est aussi bien durable que rentable<br>-la culture de la papaye ne nécessite pas des investissements lourds | -j'aurai besoin d'une plus grande surface à cultiver si je veux élargir ma zone de chalandise<br>-je dois être très vigilant et éviter qu'on utilise l'engrais chimique car je veux éviter la dégradation des sols et vendre des produits biologiques autant que possible<br>-il faudra une surveillance accrue des rampants et des volants, surtout quand les plantes sont encore fragiles<br>-j'aurai besoin d'une supply chain performante et des moyens logistiques efficaces afin d'assurer l'approvisionnement constant du marché |

**En résumé, le Recentrage** ne nécessite pas beaucoup d'investissements financiers et matériels pour les DAS 1 et 2. Il a l'avantage de regrouper 2 DAS rentables et qui ne demandent pas d'investissements lourds. Se recentrer sur ces 2 DAS constitue donc une réelle opportunité de d'asseoir une forte trésorerie tout en minimisant les coûts de production. En revanche il va nécessiter une bonne organisation interne et un circuit de distribution assez performant.

Ce tableau traite de l'attractivité du scénario 1. Il y a 5 critères sur lesquels ils vont être examinés : risque, compatibilité avec le CRF, profit, coût et impacts internes. Un score sera établi pour chaque scénario afin de déterminer le scénario le plus attractif. Il n'y a pas de pondération car tous les critères sont d'égale importance.

| Scénario 3 : DAS 1 + DAS 2 | | |
|---|---|---|
| CRITERES | NOTE sur 5 | ARGUMENTS |
| Risques | 4 | Ce scénario demande une mutualisation du matériel agricole et des installations techniques de qualité. Le DAS 2 demande un savoir-faire technique surtout pour le stockage et la conservation de la papaye. |
| CRF | 4 | Le scénario correspond parfaitement à notre cadre de référence. |
| Profit | 4 | Le taux de profitabilité est très élevé et les 2 DAS font 63% du CA total de l'entreprise. Ce scénario offre une diversification de produits en ciblant aussi bien les hommes que les animaux. |
| Coût | 4 | Ce scénario ne nécessite pas un investissement très lourd car les coûts d'installation techniques seront amortis très vite grâce à la maîtrise des coûts d'exploitation des 2 DAS. |
| Impacts internes | 4 | L'organisation sera adaptée en conséquence de ce scénario de recentrage, mais la cible de clientèle restera la même. |
| TOTAL | 20 / 25 | |

## 2.3.2 La compétitivité du scénario 3

Ce tableau traite de la compétitivité du scénario 1. Celle-ci est basée sur les FCS définis plus haut dans l'étude. Ils sont regroupés en 3 grands critères. Un score sera établi pour chaque FCS afin de déterminer le niveau de compétitivité de l'entreprise par rapport à ce scénario. Je n'utilise pas la pondération car les FCS sont d'égale importance en termes d'enjeux pour l'entreprise.

| FCS (DAS1 + DAS2) | DAS 1 | | DAS 2 | |
|---|---|---|---|---|
| Ressources financières suffisantes, capacité de production et supply chain performante | Je dispose de 46.221,38€ d'apport personnel sur un besoin total en financement de 64.997,41€ | 4 | Je dispose de 46.221,38€ d'apport personnel sur un besoin total en financement de 13.809,12€ | 5 |
| Matériels et installations et BFR | Mon apport personnel ne me permet pas de financer le DAS | 1 | Mon apport personnel me permet d'acheter le matériel nécessaire pour ce DAS et de financer son BFR | 5 |
| Compétences techniques, commerciales et marketing de mon équipe | Je dispose d'une bonne équipe et je bénéficie aussi de l'accompagnement de l'ADEPME pour la formation de mes salariés | 5 | Je dispose d'une bonne équipe et je bénéficie aussi de l'accompagnement de l'ADEPME pour la formation de mes salariés | 5 |
| Risques | Le risque lié aux insectes et aux nuisibles est bien présent et demande un suivi opérationnel régulier. | 3 | Le risque lié aux insectes et aux nuisibles est bien présent et demande un suivi opérationnel régulier. | 3 |
| CRF | Ce scénario est en phase avec mon CRF | 5 | Ce scénario est en phase avec mon CRF | 5 |
| Profit | Le CA est moyen (54.961,83€), ce qui impacte sur le niveau de marge. Mais le seuil de rentabilité est moyen également (10.656,47€). | 3 | Le seuil de rentabilité est moyen (20.404,55€) mais le CA est très bon (152.671,75€), ce qui permet de dégager une marge plus intéressante que le DAS1. | 4 |
| Coût | 53.012,68€ | 2 | 3.885,46€ | 5 |
| Impacts internes | L'organisation interne n'est pas bousculée dans ce DAS par ce scénario, et la cible reste la même. Mais il y aura un effort marketing et commercial certain à fournir afin de convaincre les éleveurs d'acheter notre fourrage. | 3 | L'organisation interne n'est pas bousculée dans ce DAS par ce scénario, et la cible reste la même. Mais il faudra mettre en place une stratégie marketing et commerciale percutante pour inonder le marché de nos papayes. | 3 |
| SCORE COMPÉTITIVITÉ | 62 / 80 | 26/40 | | 36/40 |

### 2.3.3 La matrice Mc Kinsey du scénario 3

Le scénario 3 a un grand potentiel en termes de profits, car il regroupe 2 DAS qui constituent **63% du chiffre d'affaires** global et réalisent **83.67% des bénéfices de l'activité globale**. Cette situation augmente la CAF et accroît la trésorerie pour me permettre d'envisager d'autres options stratégiques de développement à moyen ou long terme.

Ce scénario ne sort pas de notre **cadre de référence**. Il nous permet de concentrer tous nos efforts sur l'accumulation de trésorerie qui nous permettra d'atteindre nos objectifs intermédiaires avant d'atteindre l'objectif final que je m'étais donné dans le cadre de ma vision stratégique du projet : c'est-à-dire l'exploitation des 3 DAS.

En conclusion, je dirai que le scénario 3 constitue une option sérieuse à prendre en compte. En effet, elle comporte de gros avantages en termes de rentabilité et de croissance. Il faudra une organisation efficiente de l'équipe tournée vers la recherche de qualité de nos produits et de la satisfaction de nos clients.

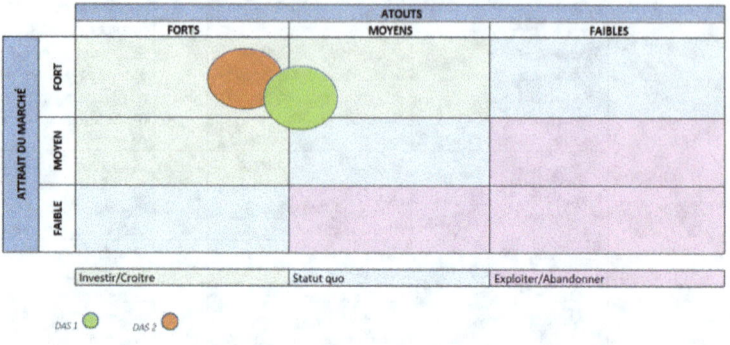

### 2.3.4 Le CANVAS du scénario 3

| BMC du Scénario 3 | DAS 1 + DAS 2 | | | |
|---|---|---|---|---|
| Partenaires clés | Activités Clés | Propositions de valeur | Relation Client | Mes Clients |
| -Les revendeurs et les commerçants<br>-Mes fournisseurs<br>-Ma banque<br>-L'État, par le biais de ses agences de développement comme l'ADEPME ou le PAISD<br>-Les fonds des Sénégalais de la Diaspora (FONGAD)<br>-Nos clients satisfaits et ambassadeurs de nos produits | -Gestion des intrants (boutures de fourrage et plants)<br>-Traitement sols<br>-Lutte contre les nuisibles<br>-Gestion financière<br>-Formation<br>-Prospection et communication<br><br>**Ressources clés**<br>-Les employés<br>-La Supply Chain<br>-Relation avec nos revendeurs<br>-Les agences de l'État<br>-Mon banquier | -Offrir au client du fourrage et de la papaye sains et bio<br>-Assurer un bon suivi des approvisionnements<br>-Assurer un système de traçabilité de tous nos produits<br>-Offrir des produits du terroir<br>-Engagement personnel et implication des clients éleveurs dans le développement de la commune de Boulal | -Paiement à crédit accordé aux revendeurs performants<br>-Programme de fidélité établi avec les grands commerçants<br>-Programmes de test de nos produits<br><br>**Canaux**<br>-Livraison à domicile pour les éleveurs particuliers<br>-Camionnette<br>-Vente directe de nos produits à la ferme | -Les éleveurs de bétail nomades et sédentaires<br>-Les revendeurs sur les marchés<br>-Les commerçants dans les boutiques physiques<br>-Les consommateurs particuliers (ménages, hôtels, universités, hôpitaux etc.) |
| **Coûts** | | | **Revenus** | |
| -Achat de camion pour la distribution<br>-Achat de matériels pour le système d'irrigation<br>-Coût de l'eau + Installation solaire<br>-Hangars et bâtiments de stockage pour le fourrage et la papaye<br>-Bâtiment pour le gardien<br>-Salaires, carburant, formation, logiciels | | | -Vente de notre fourrage et de la papaye<br>-Les subventions de l'État | |

En conclusion, ce scénario du recentrage est une piste intéressante à explorer car il offre de réels perspectives économiques et financières pour l'entreprise. Mon cadre de référence englobe un volet social pour les populations de la commune de Boulal. Pour asseoir une politique sociale et conforme aux orientations de la RSE, mon activité a besoin de dégager des bénéfices tout en minimisant les différents coûts liés à la production et à la gestion des ressources humaines. Ce scénario a tous les atouts pour nous permettre d'atteindre nos objectifs en un temps relativement court. Il nécessite cependant une gestion rigoureuse des ressources tant humaines que matérielles et financières. La mauvaise gestion des sols constitue aussi un risque très important qu'il faut circonscrire et mettre tous les moyens en œuvre pour le limiter. En effet, ce scénario se base sur les 2 DAS qui utilisent la terre pour fonctionner.

## 3. Choix du scénario

### 3.1 Tableau de synthèse

Ce tableau de synthèse met en évidence les 3 scénarios que j'ai présentés dans mon analyse stratégique. Après avoir identifié les avantages et les inconvénients de chaque scénario lors de leur présentation, j'ai analysé des critères fondamentaux qui m'ont permis de déterminer le niveau d'attractivité et de compétitivité de chaque scénario dans le but de déterminer et de sélectionner le scénario le plus adapté à ma situation. Chaque scénario est évalué avec une note sur 5 et sans pondération car j'estime que tous les critères sont déterminants pour la réussite de la mise en œuvre du scénario. La somme de ces notes constitue pour chaque scénario, son score final sur lequel il sera évalué.

| SCÉNARIOS | Attractivité - Compétitivité | | | | SCORE TOTAL |
|---|---|---|---|---|---|
| Scénario 1 | Attractivité | 15/25 | Compétitivité | 85/120 | 100/145 = 69% |
| Scénario 2 | Attractivité | 15/25 | Compétitivité | 50/80 | 65/105 = 70% |
| Scénario 3 | Attractivité | 20/25 | Compétitivité | 62/80 | 82/105 = 78% |

## 3.2 Conclusion de l'analyse

A la suite de mon analyse, il s'avère que le **scénario 3** se démarque des deux autres, dans le sens où il ne nécessite ni un investissement lourd, ni un BFR très élevé. En outre, le DAS 2 qui le compose est celui qui a le meilleur taux de rentabilité de toute l'activité. Les clients paient au comptant, et les délais de paiement accordés aux revendeurs et aux commerçants performants permettent d'entretenir la fidélité de ces partenaires ; chose extrêmement importante pour assurer une image de marque et une certaine crédibilité vis-à-vis de tous nos partenaires, externes comme internes.

J'ai une formation en gestion de projets, et l'expérience que j'ai déjà acquise dans l'exploitation de mes 4 hectares (culture saisonnière d'arachide l'été 2021 et 2022) m'ont permis de tester le très bon niveau de qualité du sol.
Les scénarios 1 et 2 pourront être démarrés une fois que j'aurai acquis une bonne solidité financière et un bon niveau de rentabilité global pour mon activité.

## 3.3 Conclusion de la phase 2

Cette deuxième partie de l'étude stratégique m'a permis d'élaborer des scénarios afin de tester leur faisabilité et de mesurer également leurs impacts sur mon activité. J'en ai écarté certains parce que ma situation financière, les risques encourus et leur lourdeur organisationnelle les rendaient quasi impossibles à mettre en œuvre à l'heure actuelle.

La phase 3 sera celle de la mise en œuvre de l'option stratégique que j'ai identifiée et choisie comme étant la meilleure. Je mettrai tous les moyens possibles afin de la réussir, car c'est à partir d'elle que je pourrai envisager d'autres futures possibles.

Pour cela, je vais travailler à rendre l'activité du fourrage et de la papaye davantage plus rentable et pourvoyeuse de profits afin de me constituer un trésor de guerre capable de réaliser toutes les activités de mes 3 DAS. Une fois l'activité stabilisée, il me sera plus facile de demander l'accompagnement de la banque pour exécuter les activités du projet dans sa globalité.

Dans la phase 1 de mon étude, lorsque je décrivais mes fonctions dans l'entreprise, je déclarais opter pour la délégation de ma fonction à un membre de ma famille afin de piloter l'activité à distance, depuis la France. Les enjeux aussi bien internes qu'externes de ce projet m'ont finalement amené à prendre la décision de le piloter sur place et sur le terrain. Je n'ai pas les moyens de recruter du monde pour le moment. Ainsi, j'ai décidé de gérer seul le pilotage de l'activité et je serai secondé par un ouvrier formé et qualifié pour s'occuper de la gestion et de l'exploitation des plantes (fourrage et papaye). Le système d'arrosage de goutte-à-goutte ne requiert pas la présence de beaucoup de personnes. Une seule personne suffit, une fois l'installation faite et que les papayers sont plantés, à faire tourner l'activité qui consiste à surveiller les plantes et à les protéger contre les prédateurs.

Je m'occuperai de :

- de la commercialisation du fourrage et des papayes
- du marketing
- de la recherche de partenaires commerciaux et financiers
- de la gestion administrative et financière
- de l'application de la vision stratégique
- de la prospection de nouveaux clients
- etc.

## 1. Mise en œuvre : Les objectifs de la stratégie retenue

L'analyse stratégique m'a permis de choisir parmi d'autres scénarios, le scénario 3 qui est un recentrage autour des DAS1 (Fourrage) et DAS 2 (Papaye). Ce choix stratégique me permet de concentrer mes moyens sur 2 activités qui sont de même nature et qui partagent un certain nombre de matériel d'exploitation, favorisant ainsi une approche efficiente dans la production, l'exploitation et la commercialisation du fourrage et de la papaye. Les objectifs de cette stratégie retenue sont au nombre de quatre : des objectifs financiers, des objectifs de marché, des objectifs FCS et des objectifs support.

## 1.1    Les objectifs « Financiers »

Le démarrage du projet nécessite le financement de tous les besoins amont et ceux en cours tout au long de l'activité. Etant donné que je serai seul sur le terrain et que mon employé a accepté de ne percevoir que sa rémunération liée à l'activité de commercialisation d'œufs, le BFR a très fortement diminué allégeant ainsi les coûts de l'activité. J'ai également enlevé le tracteur de mes besoins en investissement, car il s'avère après réflexion qu'il était plus stratégique de faire de la location pendant un certain temps plutôt que de sortir 35 000 € d'un coup juste pour une immobilisation. Après avoir mis à jour mes besoins à la suite du choix du scénario 3 que l'étude m'a amené à faire, j'ai enlevé du calcul le coût du tracteur et les salaires que j'avais prévu de payer. Ce tableau suivant récapitule l'ensemble des besoins pour mes 2 DAS ainsi que les ressources nécessaires :

|  | Activité | Investissements | BFR | Total des besoins | Apport personnel | Besoin en financement |
|---|---|---|---|---|---|---|
| DAS 1 | Fourrage | 17.212,68 € | 6.488,53 € | 23.701,21 € | 15.000 € | 8.701,21 € |
| DAS 2 | Papaye | 3.885,46 € | 763,35 € | 4.648,81 € | 4.648,81 € | 0 € |
| TOTAL | | 21.098,14 € | 7.251,88 € | 28.350,02 € | 19.648,81 € | **8.701,21 €** |

Nous pouvons observer **un changement dans l'allocation des ressources** que j'apporte.

En effet, avec mon apport personnel, je finance l'ensemble des besoins du DAS2 puisqu'il nécessite moins de capitaux que le DAS1. Mon BFR est largement supporté par mon apport. Le besoin en financement se rapporte à **l'acquisition d'un tracteur qui coûte 35 800 €.** L'acquisition ou non de ce tracteur ne m'empêchera pas de démarrer l'activité, car je peux en louer pour moins de 3 000 € l'année.

Le tracteur est utilisé une fois pour biner le sol avant de planter les boutures du fourrage et les plants de papaye et une autre fois pour transporter les bottes de fourrage et les fruits de papaye jusqu'au magasin de stockage. Le coût de la location du tracteur revient à 75 € par hectare biné et 200 € si je l'utilise toute la journée. **La location a un coût global par année de 2500 €.** L'objectif de la location est d'éviter de dépenser un budget conséquent qui pourrait servir à renforcer ma trésorerie par exemple et à attendre 3 ans avant d'acheter un tracteur.

Après avoir analysé les 2 options, il s'avère que pour le moment, la location est beaucoup plus intéressante financièrement que d'acheter le tracteur d'un seul coup. En plus, le coût de la location sera une charge d'exploitation et non une immobilisation qu'il faut amortir.

En ce qui concerne ma rémunération, **je ne toucherai pas de salaire,** car j'ai économisé assez pour vivre pendant un an sans salaire. En ce qui concerne mon employé qui va s'occuper de tout le volet production et exploitation, il a des revenus mensuels qu'il tire déjà de mon activité de production et de commercialisation d'œufs de table. Il a accepté de supporter les deux charges de travail, puisque le poulailler nécessite une heure de travail le matin et une heure en fin de journée. Le travail à la ferme ne nécessite pas une présence continue puisque l'arrosage se fait automatiquement à l'aide du système du goutte-à-goutte.

## 1.2   Les objectifs « Marché »

A la suite de mon choix stratégique porté sur le scénario 3, ma segmentation du marché s'est un peu modifiée. Ce tableau représente ma nouvelle **matrice couples produits/clients et leurs parts dans le chiffre d'affaires total pendant la première année :**

| Types de client DAS | Eleveurs | Commerçants – Revendeurs | Particuliers – Ménages – Institutions | Chiffre d'affaires par DAS | Part de chaque DAS sur le CA total |
|---|---|---|---|---|---|
| DAS 1 (Fourrage) | 32 977,09 € (60%) | 16 488,54 € (30%) | 5 496,18 € (10%) | 54 961,83 € (100%) | 27% |
| DAS 2 (Papaye) | - | 106 870,22 € (70%) | 45 801,52 € (30%) | 152 671,75 € (100%) | 73% |

Je compte démarrer mon activité le 1er janvier 2023 si tout se passe comme je le souhaite. Je vais produire et commercialiser en B2B et B2C, du fourrage destiné à l'alimentation du bétail et de la papaye destinée à la consommation de la population locale.

**Pour bien situer le projet, voici une carte représentant son environnement géographique :**

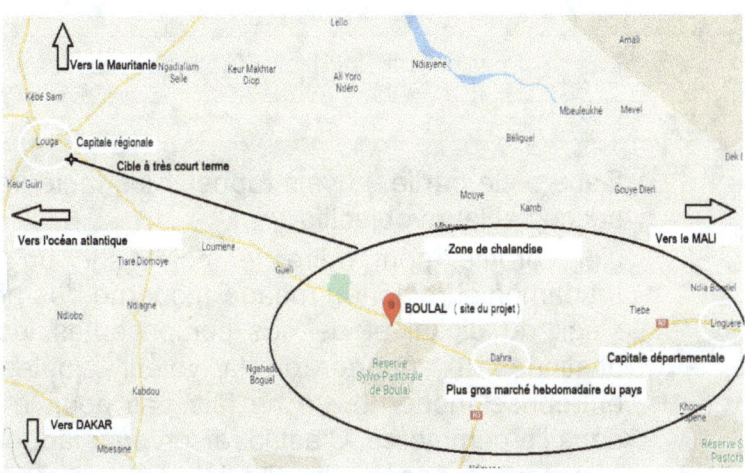

Pour rappel, les deux marchés sur lesquels je me positionne sont à créer et à conquérir dans cette localité. Il n'y a pas de concurrent d'envergure, et les circuits de distribution sont à créer. En effet, dans ma zone de chalandise, il n'existe pas de producteur de maralfalfa qui commercialise sa production auprès des éleveurs. Il existe une femme à Linguère (60 km de Boulal) qui produit ce fourrage destiné à la consommation de son propre cheptel. Je suis le seul dans le département à commercialiser ce fourrage à grande échelle et avec l'objectif de le commercialiser partout au Sénégal et à l'export à moyen terme. J'appelle mes concurrents les deux gros fabricants d'aliments industriels pour le bétail (NMA Sanders et SEDIMA), car je propose un produit de substitution à leurs aliments. Pour la papaye, je suis également le seul producteur dans la région dont l'objectif moyen et long terme est d'aller à l'assaut du marché national et international. Il n'existe pas de concurrent à ce jour avec qui je jouerai des coudes pour avoir des parts de marché dans la région.

Avec une capacité de production de plus de 180 tonnes de fourrage à l'hectare et 250 tonnes de papayes à l'hectare et à l'année, mon objectif est de conquérir le marché en mettant en œuvre une stratégie de pénétration. Les seuils de rentabilité sont faibles sur les 2 DAS malgré le fait que je pratique des prix plus bas que le marché.

## 1.3 Les objectifs « FCS » (actions, processus clés et coûts)

Dans cette partie, je vais rappeler les facteurs clés de succès et leurs objectifs.

J'en profite pour faire le point sur un élément fondamental relatif au monde moderne des affaires. Il s'agit du digital et de ses composantes techniques destinées à apporter de la valeur ajoutée à une entreprise moderne. Je ne fais pas pour le moment dans l'e-commerce. C'est la raison pour laquelle je n'ai pas encore besoin de site internet ou d'application mobile. En outre, nous sommes dans une société sénégalaise où la population adulte est analphabète à plus de 60 %. Utiliser les réseaux sociaux pour vendre de l'aliment de bétail à des éleveurs qui ne disposent pas de smartphones n'est pas chose aisée. En revanche, dès l'année 2024, je mettrai en place tous les outils digitaux nécessaires au bon pilotage de l'activité (site internet, application mobile intuitive, présence sur tous les réseaux sociaux).

### 1.3.1 FCS n°1 : Connaissances en agronomie

La maîtrise des notions de base en agronomie et en gestion de la ferme est essentielle pour mon activité. Connaître les techniques qui permettent d'avoir un haut rendement de produits de bonne qualité est un facteur clé de succès incontournable qui peut également être un avantage concurrentiel fort.

Pour réussir le pari du haut rendement et de la qualité des produits commercialisés, l'objectif principal de ce

FCS est que moi-même et mes futurs employés sur le terrain disposions de ces connaissances agronomiques requises.

**Ce tableau nous présente les actions ou projets à mener, leurs processus clés, leurs coûts et les indicateurs de performance afin de bien maîtriser le FCS n°1.**

| ACTION | PROCESSUS CLÉ | COÛT | KPI |
|---|---|---|---|
| Je dois me former d'abord aux techniques de base de l'arboriculture | 1.identification des structures de formation 2.choix de la structure de formation 3.inscription 4.cinq jours de cours intensifs 5.accompagnement à la carte | 600€ en moyenne, selon la structure de formation + l'accompagnement | -approbation par les services d'hygiène du niveau de qualité du fourrage et de la papaye -niveau d'impact des nuisibles sur les récoltes et les cueillettes -pourcentage de perte des récoltes et cueillettes -taux de rendement des récoltes -taux de pénétration des marchés grâce au support post formation |

J'ai déjà identifié la structure de formation en arboriculture[16] dont le directeur m'a déjà proposé son accompagnement personnalisé à un prix préférentiel. Le fait d'être un Sénégalais de la diaspora m'ouvre pratiquement toutes les portes de l'accompagnement dans mes projets. Ces structures sont prêtes à « sacrifier » leur business model pour nous acquérir comme clients, car derrière elles sont sûres de capter les subventions à l'accompagnement que l'État du Sénégal met à notre disposition. Cette formation ne me coûtera pas plus de 600€. Même si je dois me former, je vais quand même sous-traiter l'expertise pour une première expérience. Je pourrais ainsi capitaliser sur la théorie apprise et la pratique sur la ferme afin de dispenser moi-même la formation à mes futurs employés.

---

[16] Conf. annexe1

Pour pouvoir satisfaire le marché national, il faudra à court terme augmenter mes capacités de production. L'objectif ici est de trouver les moyens matériels, humains et financiers pour pouvoir vendre mon fourrage et mes papayes partout au Sénégal et viser en même temps le marché sous-régional (Mali, Gambie, Mauritanie).

**Ce tableau nous présente les actions ou projets à mener, leurs processus clés, leurs coûts et les indicateurs de performance afin de bien maîtriser le FCS n°2.**

| PROJETS | PROCESSUS CLÉ | COÛT | KPI |
|---|---|---|---|
| Je dois augmenter ma surface de production agricole | 1.demande d'octroi de terres auprès de la mairie 2.délibération du comité de gestion domaniale 3.aménagement et exploitation des nouveaux espaces acquis | Frais symbolique pour le bornage = 45€ / hectare | -taux d'impact sur la demande à satisfaire |
| Je dois acheter le matériel pour exploiter cette nouvelle acquisition de terres agricoles | 1.identification des fournisseurs 2.demandes de devis 3.choix des fournisseurs 4.livraison 5.installation du matériel 6.exploitation | 13.809,12 € / hectare (matériels d'exploitation, système d'irrigation et BFR) | -taux de croissance de la production -taux de satisfaction de la demande des marchés cibles -taux de croissance du CA -taux d'évolution de la trésorerie |

### 1.3.3    FCS n°3 : Une Supply Chain performante

Afin d'assurer l'acheminement de mes produits de la ferme jusqu'au client final, il me faut une bonne supply chain et un réseau de partenaires solides et fiables et qui sont surtout dans le secteur de la commercialisation d'aliments de bétail et de fruits. L'objectif est d'assurer une continuité dans l'approvisionnement et d'éviter toute rupture de la chaine de distribution.

**Ce tableau nous présente les actions ou projets à mener, leurs processus clés, leurs coûts et les indicateurs de performance afin de bien maîtriser le FCS n°3.**

| PROJET | PROCESSUS CLÉ | COÛT | KPI |
|---|---|---|---|
| Je dois organiser moi-même la distribution de manière efficace et dans les délais<br><br>Achat de camion dès que les finances me le permettront | 1.identification et localisation du ou des clients à livrer<br>2.définition des itinéraires de livraison<br>3.chargement du camion et agencement des produits selon les ordres de livraisons<br>4.contact du client avant mon départ pour lui signifier l'heure à laquelle il sera livré<br>5.livraison et contrôle des produits en présence du client et signature du bon de livraison<br>6.prise de rendez-vous éventuelle pour la nouvelle livraison | Le litre d'essence coûte 1.22€. il est susceptible d'augmenter mais nous adapterons notre stratégie de distribution en conséquence<br><br>30.000€ le camion de transport | -taux de refus de la livraison par le client<br>-taux de satisfaction des clients<br>-programme de notation<br>-temps de chargement des produits<br>-temps total mis pour la livraison<br>-coût total en carburant par livraison |

### 1.3.4    FCS n°4 : Des compétences commerciales et marketing solides

Au début de mon activité, je ciblerai les éleveurs, les commerçants sédentaires, les revendeurs sur les marchés hebdomadaires et les clients particuliers.

L'objectif d'acquérir ces compétences commerciales et marketing est de viser plus loin et toucher de nouveaux segments de clientèle. En effet, mon objectif premier, une fois le marché local conquis et approvisionné, est de viser les supermarchés privés, les grandes enseignes et franchises internationales (Auchan, Carrefour Sénégal, groupe EDK…), les petits et les grands hôtels et restaurants (Radisson Blu, Pullman, Sea Plazza, Lagon, groupe Accor, King Fahd Hôtel…), les cérémonies religieuses (elles sont organisées chaque année dans les villes religieuses de Touba, Tivaouane, Ndiassane, Thiénaba… et sont des occasions qui nécessitent de nourrir les fidèles).

L'objectif à moyen terme, une fois la maîtrise du marché national assurée, est d'aller conquérir le marché international.

**Ce tableau nous présente les actions ou projets à mener, leurs processus clés, leurs coûts et les indicateurs de performance afin de bien maîtriser le FCS n°4.**

| PROJET | PROCESSUS CLÉ | COÛT | KPI |
|---|---|---|---|
| Je dois mettre en place un programme de formation en prospection, vente et gestion de la relation clientèle pour les futurs commerciaux | 1.identification des structures de formation 2.choix de la structure de formation 3.inscription sur mesure des commerciaux 4.formation d'un mois maximum 5.accompagnement à la carte | 300€ par commercial et par an | -taux d'acquisition de nouveaux clients -taux de fidélisation de la clientèle -sondage |

## 1.4    Les objectifs « Supports » (actions, processus clés et coûts)

Les fonctions support vont être abordées ici car elles assurent la coordination et le bon déroulement de l'activité. Etant donné que je démarre mon activité sans aucune rentrée d'argent et que je n'ai pas de ressource financière solide qui me permettrait de recruter toute mon équipe en même temps, je vais externaliser la fonction comptable et m'occuper personnellement des autres fonctions supports.

### 1.4.1    La comptabilité

Je vais solliciter l'expertise d'un cabinet comptable durant les 3 premières années de mon activité. Ce cabinet sera en charge des déclarations fiscales, de la production de documents comptables (enregistrements des mouvements financiers, bilan de l'activité, le compte de résultats…).

Ce tableau nous présente les actions ou projets à mener, leurs processus clés, leurs coûts et les indicateurs de performance afin de bien maîtriser le FCS n°4.

| ACTION | PROCESSUS CLÉ | COÛT | KPI |
|---|---|---|---|
| Je dois recruter un cabinet comptable pour gérer notre comptabilité pendant les 3 prochaines années | 1.recueil auprès de l'Apix des cabinets officiels d'expertise comptable 2.demande de devis 3.étude des offres 4.choix du cabinet 5.signature du contrat de prestation 6.exécution du contrat | Le coût moyen de la prestation dépend de la taille de l'entreprise et de son chiffre d'affaires. Pour les entreprises qui démarrent comme moi, le coût moyen est de 150€/mois = 1800€/an | -nombre de redressements fiscaux -taux d'erreurs dans la comptabilité -quantité de documents comptables perdus ou non enregistrés |

J'ai déjà contacté des cabinets comptables et j'ai reçu plusieurs devis. J'en ai sélectionné un que je trouve intéressant car le cabinet émetteur bénéficie d'une bonne réputation professionnelle auprès de sa clientèle[17]. Dans le but de vérifier cette réputation, j'ai contacté personnellement certains de leurs clients et il se trouve que j'en connais un personnellement et il dirige une entreprise qui gère le réseau national des agences de transferts d'argent au Sénégal (Société Nationale des Professionnels du Transfert d'Argent). Outre le critère de la bonne réputation de ce cabinet, je l'ai sélectionné pour sa compétitivité au niveau du prix de leur prestation. J'ai également une certaine affinité d'esprit et de vision avec le PDG du cabinet.

---

[17] Conf. annexe 4

J'ai un master en gestion des ressources humaines et une expérience de plus de 11 années en tant que responsable RH et paie. Je m'occuperai donc de cette fonction.

### 1.4.3    La Supply Chain

Ma formation à l'IFG ainsi que mes différentes expériences personnelles liées à mes activités (gestion du poulailler, organisation de la distribution de tablettes d'œufs à mes clients, gestion de l'approvisionnement en riz de mes clients dans la vallée du fleuve Sénégal…) me donnent la capacité de m'occuper également de cette fonction de la Supply Chain.

La logistique est une composante de la Supply Chain. L'objectif de la Supply Chain est de regrouper et d'orchestrer l'ensemble des acteurs de la chaine de valeur depuis le fournisseur du fournisseur jusqu'au client du client. Une fois que j'aurai acquis une certaine souplesse financière, je me doterai d'un camion pour faciliter la distribution des produits.

## 2. Le mix marketing

Quand on étudie un marché pour préparer son offre, il est fondamental d'aborder les désirs et les attentes des clients de façon claire, nette et précise. Cela nous donne une idée claire de ce que l'on va proposer pour satisfaire ces besoins identifiés et une chance de le faire également. C'est pourquoi la segmentation nous permet de définir des groupes de cibles homogènes et adapter le mix marketing selon leurs caractéristiques. Nos cibles sont constituées des éleveurs, des revendeurs (nomades et commerçants) et des particuliers.
Je vais insister sur le fait que nous sommes en Afrique et que les réalités du terrain sont complètement différentes de celles de la France ou du monde

occidental en général. Les sociétés occidentales ont franchi toutes les étapes du développement et sont à un niveau de besoins totalement différent de celui des africains en général. En effet, le consommateur sénégalais vit dans une société où tout est à construire ou à développer. Il formule un besoin qui cadre seulement avec ses moyens financiers car il n'attend en définitive aucune subvention ou aide de l'Etat pour augmenter son pouvoir d'achat ou se créer de nouveaux besoins. Dans un pays où l'épargne n'existe qu'auprès d'une certaine catégorie de la population, surtout celle urbanisée, et où le monde rural est plus préoccupé par sa propre survie, il est important de cadrer sa démarche marketing et commerciale à ces réalités. C'est pourquoi notre politique de prix est tournée vers l'excellence du rapport qualité/prix de nos produits.

## 2.1    Le produit

Le dénouement de mon analyse stratégique m'a permis d'opter pour le scénario 3 qui consiste à produire et vendre du fourrage pour le bétail et de la papaye pour la consommation de masse.

### 2.1.1    Le fourrage

18

L'alimentation du bétail au Sénégal est assurée par les grands groupes industriels qui sont basés dans la région de Dakar, la capitale. Depuis toujours, et

---

[18] Source images d'illustration : Bottes de foin | Maralfalfa Bio et Maralfalfa 50 Kilos Excelente Germinacion Y Asesoria | Meses sin intereses (mercadolibre.com.mx)

pendant la saison des pluies (elle dure de juillet à septembre), le bétail élevé dans les zones rurales est nourri quasi exclusivement aux herbes sauvages des pâturages. A partir du moment où l'herbe se raréfie ou disparaît (de décembre à juin), les éleveurs commencent à acheter de l'aliment industriel fabriqué par les usines d'aliments que je cherche à challenger avec mon fourrage hors saison des pluies.

Le fourrage que je propose s'appelle le « Maralfalfa » ou « **Pennisetum** sp ». Il couvre pratiquement l'ensemble des besoins nutritives des ruminants (vaches, chevaux, moutons, chèvres…) avec un fort apport en protéine, vitamine A, calcium, magnésium, etc. C'est une herbe étudiée et testée et qui accroît la production de lait et de viande des vaches ainsi que la reproduction animalière.

Valeur nutritionnelle :

| Valeur énergétique | Quantité de protéines utilisée par l'animal |
|---|---|
| Entre 0,5 et 0,7 UF[19] | 50 à 60g |

J'ai comme objectif moyen et long terme de substituer le fourrage aux aliments industriels qui sont plus chers [20] mais ne contiennent pas plus de valeurs nutritives que le fourrage bio que je produis.

Le fourrage sera conditionné et commercialisé sous forme de bottes de 20kg facilement transportables.

---

[19] Unité Fourragère, utilisée par l'INRA (Institut National de la Recherche Agronomique en France) pour déterminer la valeur énergétique d'un fourrage.
[20] Conf annexes 2 et 3

La durée du cycle est de 24 mois et les premières récoltes arrivent au 7ème mois pour les variétés naines et 9ème mois pour les variétés standards. Nombre de pieds à l'hectare : 2000 Pieds pour un écartement de 2m et 2,5m et 1600 pieds pour un écartement de 2,5m et 3m. Rendements :100 à 200kg par plante (variétés naines) ; 25-50kg/pied variétés standards.[21]

**Valeurs nutritives de la papaye :**

| Nutriments | Teneur moyenne |
|---|---|
| Protéines | 0,75 g |
| Glucides | 8,53 g |
| Lipides | 0,2 g |
| Fibres alimentaires | 1,8 g |

La papaye est destinée à la consommation de masse. Donc nous ciblons l'ensemble de la population par le biais de la vente directe et par l'intermédiaire de nos revendeurs. Elle sera conditionnée dans des cagettes de 10kg ou en vrac pour les revendeurs.

---

[21] Agropharm, Sénégal

Nous avons défini les prix de vente selon la stratégie de pénétration de marché que j'ai choisie d'appliquer. Après avoir calculé le total de l'ensemble de mes coûts de revient et appliqué ma marge, je me suis basé sur les prix qu'applique le marché des aliments industriels. Sans baisser ma marge, je suis déjà compétitif. Malgré cela, j'ai quand même baissé encore les prix de vente afin de toucher le maximum de clients.

Comme je l'ai souligné plus haut, le consommateur sénégalais regarde le prix d'abord, la qualité ensuite. Si son pouvoir d'achat lui permet d'acheter la qualité en plus, c'est encore mieux ! Par conséquent, là où mes concurrents « indirects » NMA et SEDIMA vendent un kilogramme d'aliment industriel pour le bétail entre 0.30€ et 0.40€ [22] le kilogramme, je propose mon fourrage à forte qualité nutritionnelle à 0.15€ le kilogramme.  Même si cela paraît un peu risqué de pratiquer des prix en dessous du marché, mon ambition ici est de créer un impact réel et fort sur l'activité des éleveurs. Ce prix sera révisé une fois que je serai bien intégré dans le marché.

• La botte de 20 kg de fourrage sera vendue à 3€ (0.15€*20kg). Le prix de vente est constitué des coûts de production et de l'ensemble des charges liées à l'exploitation du produit plus la marge

En ce qui concerne la papaye, j'ai appliqué le même principe que pour le fourrage, toujours dans une stratégie de pénétration du marché même si ce dernier n'est approvisionné par aucun producteur local de papaye. Plus de 90% des fruits charnus et sucrés comme la papaye proviennent de Dakar ou sont importés depuis la Guinée Conakry. Le kilogramme de papaye est vendu 1.85€ sur le marché là où je le vends à 0.61€ le kilogramme. Comme pour le fourrage, ce prix sera révisé une fois que je serai bien intégré dans le marché.

---

[22] Conf.annexe2 et 3 communiqué et tableau des prix NMA

- La cagette de papaye sera vendue à 6,10€ (0.61€*10kg)

## 2.3 La communication

Vu le contexte culturel de notre lieu d'implantation et le manque de culture digitale, les réseaux sociaux (Facebook, LinkedIn, YouTube, Instagram…) ne me seront pas d'une grande utilité la première année. Je me réserve une année d'activité pour commencer à explorer ces canaux de communication, surtout que je vise le marché national et international dans le moyen terme.

Le bouche à oreille constitue un excellent moyen de nous faire connaître. Je suis déjà connu en tant que pionner de l'investissement dans ma commune de Boulal et un peu dans celle de Dahra grâce à mon activité de production et de vente d'œufs de table.

Je vais également collaborer avec les services vétérinaires afin de les utiliser comme prescripteurs pour commercialiser le fourrage.

La région de Louga est la capitale de l'élevage par excellence au Sénégal. Elle compte un grand nombre de producteurs maraîchers et d'éleveurs regroupés au sein d'associations, de GIE, et de coopératives. Mon objectif est de les intégrer afin de disposer de leurs réseaux de clientèles au niveau régional et national et d'écouler mes produits. C'est un excellent canal de communication dont je vais me servir pour élargir ma cible.

Il existe également des canaux publicitaires qui fonctionnent toujours aussi bien au Sénégal, qui sont accessibles financièrement et dont les retombées sont non négligeables. Il s'agit de la radio et de la presse nationale. La télévision est un média que je n'utiliserai pas pour le moment, car elle coûte encore trop cher et n'est pas adaptée à notre activité.

Mon circuit de distribution se configure de la façon suivante :

• **Le circuit direct**

Il s'agit de laisser les clients venir acheter eux-mêmes nos produits directement dans la ferme. Il n'y a pas d'intermédiaires. Cette possibilité est cependant réservée aux habitants de Boulal puisque mon ambition, qui est une résultante de mon cadre de référence, est de participer à la dynamique économique de la localité en facilitant l'accès de mes produits aux femmes revendeuses dans les marchés. **Cependant, dans un souci d'optimiser mes coûts de distribution, cette option pourrait être généralisée si les conditions nous l'imposent (prix du carburant, accessibilité de la zone de livraison des produits...)**

A moyen terme, quand les finances de l'entreprise me le permettront, j'achèterai mon propre camion et j'organiserai également des tournées pour livrer directement mes produits aux clients.

• **Le circuit indirect**

Il s'agit des revendeurs nomades qui vendent dans les marchés hebdomadaires et des commerçants sédentaires ou dépositaires. Les fabricants d'aliments industriels utilisent le circuit de distribution indirect avec le client final, mais en livrant directement aux revendeurs, obligés de commander au minimum 5 tonnes d'aliments. Je vais démarcher ces revendeurs d'aliments industriels qui disposent déjà de magasins de stockage.

Mon objectif ici, s'ils ne sont pas des distributeurs d'aliments exclusifs, est de les conforter dans leurs positions de distributeurs indépendants. Il s'agit de leur donner l'image de professionnels à la recherche des meilleures solutions pour donner satisfaction aux éleveurs dans leur recherche d'aliments de bonne qualité nutritive.

J'aurai une stratégie de distribution multicanale dont l'objectif est d'assurer une couverture maximale du marché avec une Supply Chain performante. J'ambitionne d'être un acteur incontournable sur le marché du fourrage et de la papaye dans la région de Louga à court terme, au niveau national à moyen terme et dans la sous-région à long terme. C'est une ambition réalisable étant donné le bas niveau de satisfaction du marché national en fruits.

- **Le partenariat**

Dans une optique de développement à court terme, je compte nouer des partenariats avec les établissements hôteliers et les restaurants. En effet, ils me permettront d'accéder à un type de clientèle spécifique et que je n'aurais certainement pas touché si j'étais resté dans la logique producteur/revendeur. L'objectif à moyen terme est également de travailler avec des entreprises exportatrices de fruits de légumes qui m'apporteront l'expérience de l'international qui est un des objectifs stratégiques conformes à notre cadre de référence.

## 3. Le plan d'action commercial

### 3.1 Les enjeux du plan d'actions commercial

Dans mon plan marketing, j'ai ciblé deux catégories de clientèles essentielles : les clients directs (les consommateurs finaux) et les professionnels intermédiaires (revendeurs commerçants sédentaires et nomades). La mise en œuvre du plan d'actions commercial nous permet d'atteindre nos objectifs commerciaux définis et de nous plonger directement dans ce que j'appellerai l'arène économique et de faire face aux nombreux obstacles qui existent sur notre chemin (concurrence, pouvoir d'achat, habitudes de consommation, réalités sociologiques…).

La question de l'organisation interne de l'entreprise est déjà réglée puisque je m'occupe de gérer toutes les actions stratégiques sur le terrain. Les enjeux de ce plan d'actions sont de mettre en place un puissant réseau de clients aussi bien professionnels que particuliers. Ce plan vise à créer les conditions d'une agressivité commerciale qui nous permettrait d'asseoir très rapidement notre notoriété dans toute la région de Louga dans un premier temps, et dans tout le Sénégal dans un second temps.

La prospection est le garant de cette dynamique commerciale agressive et j'en fait une priorité absolue.

## 3.2 Les objectifs globaux pour les 2 segments de clientèles (professionnels et particuliers)

Ce tableau présente les objectifs généraux qui sont en parfaite concordance avec le cadre de référence de l'entreprise qui est de « *créer de la richesse et des profits pour assurer non seulement sa survie, mais aussi participer à la dynamique sociale par le financement de projets communautaires portés par les citoyens de la commune de Boulal* ».

| Types d'objectifs | Indicateurs de performance | Objectifs en 2024 |
|---|---|---|
| Résultats | CA<br>Marge<br>Volume de ventes | + 15%<br>25% (15% pour la papaye – 10% pour le fourrage)<br>+ 10% |
| Activité | Nbre de calls prospects (supermarchés etc.)<br>Nbre de RDV commerciaux (Physique ou Visio)<br>Nombre de nouveaux contrats | 100 j * 5 calls = 500 calls<br>Prospection: 100 j * 2 RDV = 200 RDV<br>70 contrats = 3 contrats / mois (moyenne taux de transformation 10% grâce à la nouveauté et l'impact positif de nos offres) |
| Progrès | Note de satisfaction des clients (Net Promoter Score) sur un échantillon de 200 clients minimum<br>Utilisation d'un CRM | Je vise 70% de taux de satisfaction minimum par an<br>Journalière |

## 3.3 Les objectifs de développement commercial

Nous sommes à l'ère du digital mais les populations villageoises au Sénégal ne sont pas assez bien équipées en matériels informatiques et en outils digitaux (ordinateurs, smartphones sophistiqués, connexion à internet etc.). J'ai décidé malgré tout de créer un site internet à partir de juillet 2023 car ma vision commerciale dépasse la région de Louga. Cette vision est appuyée par des arguments commerciaux que je compte faire valoir auprès des clients.

## Ce tableau récapitule ces arguments commerciaux :

| Produit : Fourrage | Caractéristiques | Avantages | Preuves |
|---|---|---|---|
| Sécurité | Fourrage bio et sans effets négatifs sur la santé animale | C'est un aliment qui a les mêmes apports nutritifs que les aliments industriels | Le Maralfalfa est très prisé des animaux |
| Orgueil | Fourrage produit localement | Aliment bio et haut de gamme grâce à ses qualités nutritives -promotion de la localité | Le Made in Sénégal |
| Nouveauté | C'est la première fois que de l'aliment de bétail est disponible hors saison des pluies | Un aliment de grande qualité jamais cultivé sur place | Protection du couvert végétal |
| Confort | Fourrage en bottes facilement transportables | La disponibilité de l'aliment à tout instant et à prix bon marché | Possibilité de se faire livrer sur simple appel téléphonique |
| Budget (Argent) | Fourrage beaucoup moins cher que l'aliment industriel | Rapport favorable entre la qualité de l'aliment et son prix et un investissement rentable pour l'élevage du bétail | 0.15€/kg alors que l'aliment industriel coûte ± 0.40€/kg |
| Sympathie | C'est un aliment produit par un enfant du terroir | Cela crée de l'engouement | C'est un aliment pour tout type de ruminant |

| Produit : Papaye | Caractéristiques | Avantages | Preuves |
|---|---|---|---|
| Sécurité | Papaye cultivée en milieu naturel et sans pesticide | Un fruit sûr et qui dispose de valeurs nutritives considérables | 0 teneur en cholestérol alors la moyenne des fruits est 0.1mg et 7.8g de glucides alors que la moyenne des autres fruits est de 16.9g pour 100g.[2] |
| Orgueil | Fruit cultivé localement | La promotion de la localité grâce au fruit | Fruit estampillé « origine du terroir » |
| Nouveauté | De la papaye disponible non-stop pendant presque 2 ans | Fruit jamais cultivé sur place | Le fruit donne la plupart des apports nutritifs dont le corps a besoin |
| Confort | Papaye en cagette facilement transportable et bien protégée | La disponibilité du fruit à tout instant et à prix bon marché | Possibilité de se faire livrer sur simple appel téléphonique |
| Argent | Papaye vendue à prix très compétitif | Petit budget pour le client particulier et marge importante pour le revendeur | 0.61€/kg alors que le prix pratiqué par le marché est de 1.85€/kg |
| Sympathie | C'est un fruit qui est devenu local et produit par un enfant du terroir | Cela crée de l'engouement | Alternative aux fruits importés |

La démarche commerciale repose sur quatre grandes actions principales et leurs corollaires :

- La communication pour se faire connaître et se rendre visible
- La prospection pour aller « chercher » les clients potentiels
- Le service à la clientèle pour créer des liens
- La fidélisation pour favoriser le « bouche à oreille », et développer le réseau en « recrutant » des prescripteurs.

J'aurai besoin d'un logiciel CRM pour le suivi des commandes, la facturation, le paiement, les créances…

Le tableau suivant met en relief l'ensemble des actions que nous projetons de faire et leur pilotage. Je rappelle que je serai seul la première année, avec mon employé de la production, et que je commencerai à embaucher des fonctions supports pour accompagner le développement de l'entreprise dès que les résultats économiques et financiers de l'entreprise le permettent. Je profiterai des acquis de ma formation pour mener toutes les actions sur le terrain.

| Quoi / Action | Qui | Axe stratégique | Pourquoi | Comment | Quand | KPI | Coûts |
|---|---|---|---|---|---|---|---|
| Formation de l'équipe commerciale | Future équipe commerciale et marketing | Fidélisation | Amélioration de la performance de l'équipe | Formation externe | Début 2024 | Fidélisation Nbre devis Acquisition Sondage | 300€/commercial/an 600€ une fois |
| Marketing direct | Équipe commerciale et marketing | Nouveaux contrats | Clientèle Croissance du CA | Actions sur le terrain | Début 2023 | Nbre devis Acquisition Pénétration marché | 500€/an |
| Site internet + stratégie SEO | Équipe communication | Digitalisation des services | Visibilité Processus Parts de marché | Prestataire externe | A partir de juillet 2023 | Fréquentation % Délais CA | 800€ achat unique |
| Affiches et d'objets publicitaires | Équipe communication | Digitalisation des services | Visibilité Nouveaux clients | Prestataire externe | A partir de janvier 2023 | CA Clientèle variée Retargeting | 200€/an |
| Les médias | Équipe communication | Nouveaux contrats Notoriété | Image Canaux d'acquisition | Presse Radio Magazines | Octobre 2023 | Accès aux médias (sondage) | 1500€ / an |
| Cadeau de bienvenue | Équipe commerciale et marketing | Fidélisation | Valorisation clients Création de liens | Offre de cadeaux | Décembre de chaque année | Fidélisation Retours positifs | 2000€/an |
| Concours vendeur prescription | Mafall | Nouveaux contrats | Motivation de l'équipe Esprit de groupe | Cagnottes à gagner | Décembre de chaque année | Évolution du CA de chaque commercial | 1000€/an |
| CRM et dispositif d'Inbound Marketing | Équipe commerciale et marketing | Digitalisation des services Nouveaux contrats | Relation client collaboration services Leads | Prestataire externe | Début 2023 et courant 2024 | Taux utilisation du CRM par l'équipe | 2500€/an |
| | | | | | | | 9400€ |

## 3.4 Le rétroplanning des actions

| Axe | Actions | Jan23 | Fév. | Mar | Avr. | Mai | Jun | Juil | Aout | Sep | Oct. | Nov. | Déc | 2024 |
|---|---|---|---|---|---|---|---|---|---|---|---|---|---|---|
| Formations | Formation des équipes | | | | | | | | | | | | | |
| Site internet référencement | Création du site internet | | | | | | | | | | | | | |
| | Stratégie SEO | | | | | | | | | | | | | |
| Publicité | Prospectus-affiches-objets publicitaires | | | | | | | | | | | | | |
| CRM | CRM et formation | | | | | | | | | | | | | |
| Marketing | Prospection | | | | | | | | | | | | | |
| | Communication médias | | | | | | | | | | | | | |
| | Cadeau de bienvenue | | | | | | | | | | | | | |
| | Concours vendeurs | | | | | | | | | | | | | |
| | Inbound Marketing : Livre blanc | | | | | | | | | | | | | |

Cette étude commerciale a permis de mettre en œuvre le plan stratégique contenu dans le scénario pour lequel j'ai opté. Les objectifs globaux de ce plan stratégique sont en parfaite adéquation avec mon cadre de référence qui est je le rappelle, de créer de la richesse et des profits pour assurer non seulement la survie de mon entreprise, mais aussi de participer à la dynamique sociale par le financement de projets communautaires portés par les citoyens de la commune de Boulal. J'ambitionne de créer une entreprise qui offre un cadre d'épanouissement à ses salariés au-delà de ses obligations contractuelles. Toute cette stratégie commerciale et marketing tend à concrétiser cette vision d'entreprise car elle est conçue pour favoriser le dynamisme nécessaire pour y arriver.

## 4. Le business plan financier

La partie qui suit traite des éléments financiers du projet. Ces tableaux suivants récapitulent l'ensemble des investissements nécessaires pour démarrer les activités des DAS1 et DAS 2 en 2023 ainsi que les prévisionnels financiers. Au moment où j'écris ces lignes, il reste 4 mois et 11 jours avant le début planifié des activités. Je dois préciser que la durée de maturation du fourrage tourne entre 3 et 4 mois et celle de la papaye entre 4 et 5 mois. Par conséquent les ventes démarreront avec un décalage temporel mais heureusement le BFR pour ces deux activités n'est pas trop élevé et les estimations de vente sont assez élevées pour couvrir l'ensemble de nos charges.

Il me semble important d'apporter quelques précisions sur l'organisation générale ainsi que sur certaines dépenses d'exploitation. Je compte recruter 2 personnes qui composeront l'équipe commerciale et marketing à partir de janvier 2024.

**Ce tableau ci-après présente mon organigramme prévisionnel :**

Le salaire moyen pratiqué dans la région est de 100.000 FCFA (152€) pour un jeune célibataire qui débute ; je paierai mes employés beaucoup plus que cela. Le salaire va grimper rapidement si les chiffres de l'entreprise me le permettent car mon ambition est d'être cohérent avec mon cadre de référence. Au mois de janvier 2024, nous serons 4 dans l'entreprise (moi, l'exploitant agricole et les deux commerciaux) pour un coût salarial total de 18 000 € par an pour les 3 employés. J'ai choisi de ne pas avoir de salaire pour cette activité au moins pendant les 2 premières années.

J'utiliserai mon téléphone portable personnel ainsi que mon propre véhicule avec les frais y afférents pour exercer ma fonction. Je veux optimiser les ressources de l'entreprise pour minimiser les risques bancaires et préserver ma liberté financière. Si l'entreprise dégage assez de bénéfices, et après avoir augmenté les salaires de mes employés, je me réserverai un pourcentage de 10% sur les bénéfices annuels pour me rémunérer. Je prévois une croissance annuelle du chiffre d'affaires de 10%. Je prévois d'embaucher 3 employés par an pendant les 5 années à venir car je vais agrandir la ferme en achetant des terres et du matériel d'exploitation.

**Ce tableau récapitule les éléments financiers pour l'année 2023 :**

| Rubriques | janv-23 | févr-23 | mars-23 | avr-23 | mai-23 | juin-23 | juil-23 | août-23 | sept-23 | oct-23 | nov-23 | déc-23 |
|---|---|---|---|---|---|---|---|---|---|---|---|---|
| Apport en capital | 19 648,81 € | | | | | | | | | | | |
| Apport en compte courant | 5 351,19 € | | | | | | | | | | | |
| Subvention ADEPME | 8 701,21 € | | | | | | | | | | | |
| Emprunt sur 5 ans à 8% | | | | | | | | | | | | |
| Banque sur 5 ans à 9% | | | | | | | | | | | | |
| Ventes de bottes de | | | | 3 454,31 € | 3 653,37 € | 3 896,77 € | 4 167,23 € | 4 467,73 € | 4 801,62 € | 5 172,62 € | 5 584,83 € | 6 042,85 € |
| Ventes de papayes | | | | | | 10 001,91 € | 10 753,17 € | 11 587,90 € | 12 515,38 € | 13 545,91 € | 14 690,95 € | 15 963,22 € |
| CA et encaissements | 33 701,21 € | | | 3 454,31 € | 3 653,37 € | 13 898,68 € | 14 920,40 € | 16 095,63 € | 17 317,00 € | 18 718,53 € | 20 275,78 € | 22 006,07 € |
| Frais d'établissement | 150,00 € | | | | | | | | | | | |
| Publicité (prospectus...) | 200,00 € | | | | | | | | | | | |
| Total Frais de démarrage | | | | | | | | | | | | |
| Gestion CRM | 2 500,00 € | | | | | | | | | | | |
| Site internet | | | | | | | 800,00 € | | | | | |
| Total immo. incorporelles | | | | | | | | | | | | |
| Matériels et installations (dont location et frais divers) | 14 917,22 € | | | | | | | | | | | |
| Total immo. corporelles | | | | | | | | | | | | |
| Frais de personnel | | | | | | | | | | | | |
| Expert comptable | 150,00 € | 150,00 € | 150,00 € | 150,00 € | 150,00 € | 150,00 € | 150,00 € | 150,00 € | 150,00 € | 150,00 € | 150,00 € | 150,00 € |
| Marketing et commercial | 292,00 € | 292,00 € | 292,00 € | 292,00 € | 292,00 € | 292,00 € | 292,00 € | 292,00 € | 292,00 € | 292,00 € | 292,00 € | 292,00 € |
| Communication et médias | | | | | | | | | | 500,00 € | 500,00 € | 500,00 € |
| Amortissements | 335,22 € | 335,22 € | 335,22 € | 335,22 € | 335,22 € | 335,22 € | 335,22 € | 335,22 € | 335,22 € | 335,22 € | 335,22 € | 335,21 € |
| Frais financiers | | | | | | | | | | | | |
| Total coûts fixes | | | | | | | | | | | | |
| Achats matières premières | 7 251,88 € | | | | | | | | | | | |
| Formations | 600,00 € | | | | | | | | | | | |
| Total coûts variables | | | | | | | | | | | | |
| Total décaissements | 26 996,52 € | 777,22 € | 777,22 € | 777,22 € | 777,22 € | 777,22 € | 1 577,22 € | 777,22 € | 777,22 € | 1 277,22 € | 1 277,22 € | 1 277,22 € |
| Balance budgétaire | 7 304,89 € | 6 527,67 € | 5 750,45 € | 8 407,54 € | 11 283,69 € | 24 405,15 € | 37 748,33 € | 53 026,74 € | 69 566,52 € | 87 007,83 € | 106 006,39 € | 126 735,24 € |

## 4.2 Compte de résultat prévisionnel sur 5 ans

Je précise que les rubriques « capacité de production », « achat camion de transport » et « achat tracteur » correspondent aux projets liés aux objectifs d'accroissement de l'activité que j'ai définis plus haut dans les FCS n°3 (p101) « Une bonne capacité de production et Une Supply Chain performante ».

**Le tableau suivant résume le résultat prévisionnel sur les 5 prochaines années d'activité :**

| Rubriques | Année 1 | Année 2 | Année 3 | Année 4 | Année 5 |
|---|---|---|---|---|---|
| Apport en capital | 19 648,81 € | | | | |
| Apport en compte courant | 5 351,19 € | | | | |
| Subvention ADEPME | 8 701,21 € | | | | |
| Fongad sur 5 ans à 8% | - | | | | |
| Banque sur 5 ans à 9% | - | | | | |
| Ventes de bottes de fourrage | 41221,38 | 54 961,84 € | 60 458,02 € | 66 503,82 € | 73 154,20 € |
| Ventes de papayes | 89058,49 | 152 671,69 € | 167 938,86 € | 184 732,75 € | 203 206,03 € |
| Total CA | 163 981,08 € | 207 633,53 € | 228 396,88 € | 251 236,57 € | 276 360,23 € |
| Frais d'établissement | 150,00 € | - | - | - | - |
| Publicité (prospectus...) | 200,00 € | - | - | - | - |
| Total Frais de démarrage | | | | | |
| Acquisition CRM | 2 500,00 € | - | - | - | - |
| Site internet | - | - | - | - | - |
| Total immo. Incorporelles | | | | | |
| Matériels et installations | 14 917,22 € | - | - | - | - |
| Capacité de production ↗ | | | 13 809,12 € | 13 809,12 € | 13 809,12 € |
| Achat camion de transport | | 30 000,00 € | | | |
| Location tracteur | | 2 500,00 € | 2 500,00 € | | |
| Achat tracteur | | | | 35 000,00 € | |
| Total immo. Corporelles | | | | | |
| Frais de personnel | - | 5 472,00 € | 10 944,00 € | 16 416,00 € | 21 888,00 € |
| Expert comptable | 1 800,00 € | 1 980,00 € | 2 178,00 € | 2 395,80 € | 2 635,38 € |
| Marketing et commercial | 3 500,00 € | 3 850,00 € | 4 235,00 € | 4 658,50 € | 5 124,35 € |
| Communication et médias | 1 500,00 € | 1 650,00 € | 1 815,00 € | 1 996,50 € | 2 196,15 € |
| Amortissements | 4 022,64 € | 10 022,64 € | 10 022,64 € | 17 022,64 € | 17 022,64 € |
| Total coûts fixes | | | | | |
| Achats matières premières | 7 251,88 € | - | 7 977,07 € | - | 8 774,77 € |
| Formations | 600,00 € | - | 600,00 € | - | 600,00 € |
| Total coûts variables | | | | | |
| Total décaissements | 36 441,74 € | 55 474,64 € | 54 080,83 € | 91 298,56 € | 72 050,41 € |
| Résultat Brute d'Exploitation | 127 539,34 € | 152 158,89 € | 174 316,05 € | 159 938,01 € | 204 309,82 € |
| Frais financiers | - | - | - | - | - |
| Résultat avant impôts | 127 539,34 € | 152 158,89 € | 174 316,05 € | 159 938,01 € | 204 309,82 € |
| Charges patronales | | 1 887,84 € | 3 775,68 € | 5 663,52 € | 7 551,36 € |
| Impôt sur les sociétés à 35% | | | 61 010,62 € | 55 978,30 € | 71 508,44 € |
| Résultat Net | 127 539,34 € | 150 271,05 € | 109 529,75 € | 98 296,19 € | 125 250,02 € |

# Conclusion générale

Mon ambition a toujours été d'apporter mes idées et mes moyens dans le cadre du développement de ma localité. L'état du Sénégal œuvre dans l'accompagnement technique et financier pour aider les investisseurs à réussir dans leurs projets économiques, sources de développement. Mais il nous appartient aussi à nous, sénégalais de la Diaspora, de mettre nos propres moyens pour que demain si un bailleur étranger décide de nous accompagner, il trouvera des gens motivés et prêts à tout donner pour le bénéfice de la population.

Le projet que je porte est une aubaine pour la commune de Boulal et une opportunité pour les éleveurs et les particuliers en général d'avoir des produits de qualité à des prix très abordables. En effet, une partie des revenus engendrés par mon activité serviront à payer des impôts à la municipalité, ce qui leur permet de diversifier leurs sources de revenus.

L'impact économique de ce projet sera grand dans la mesure où il conduira à la création d'emplois pour les jeunes et les femmes, qui sont mes cibles principales dans mon ambition de participation citoyenne au développement local.

Le projet aura des avantages avérés aussi bien pour les animaux que pour les humains :

- L'augmentation et la diversification du cheptel local
- Un prix du fourrage très accessible
- L'augmentation de la production laitière locale
- Augmentation de la consommation laitière et de produits d'origine animale
- La sédentarisation des éleveurs transhumants qui a un double impact économique pour le ménage, mais également la scolarisation et le maintien de leurs enfants à l'école
- Disponibilité et accessibilité financière des ruminants

- Opportunité pour les jeunes et les femmes d'ouvrir leurs commerces et se mettre à leur propre compte
- Diminution de la pauvreté grâce au dynamisme économique que va engendrer le projet dans la localité

Sur le plan financier, le DAS2 (papaye) est une vraie opportunité d'engranger de la trésorerie et de me permettre d'investir pour augmenter ma production et viser ainsi, à moyen terme, le marché national et international. Mon business model est solide et cohérent par rapport à mon cadre de référence. Il me donne la possibilité de chercher des partenaires externes afin de pénétrer d'autres marchés dans le cadre de ma stratégie de croissance. Le plus important à mon sens pour y arriver est d'attirer les bonnes compétences afin d'orchestrer tout cela. La création de richesse est le pilier de notre cadre de référence. Le scénario que j'ai développé tout au long de cette troisième partie est une voie qui mènera l'entreprise à cette création de richesse.

Une fois acquise, **je pourrais envisager d'autres pistes d'investissement**.

## Bibliographie

**Ouvrages et recherches :**

✦ Rippstein, G., Diouf, A., Sao., M., 2004. Développement des cultures fourragères dans le Bassin de l'Arachide au Sénégal : motivations et facteurs d'adoption des soles fourragères par les paysans ISBN 9983 9910 9 3

✦ La culture du papayer au Sénégal, Centre pour le développement de l'horticulture Cambérène – DAKAR, Bruno Telemans, 2012

✦ Chambre de commerce d'industrie et d'agriculture de Dakar (cciad), Bulletin d'information économique n°1065. Octobre 2021 ISSN n°0860 – 4202

✦ Ministère de l'élevage, Arrêté Ministériel n° 6137 MEL-DIREL du 9 novembre 2005 portant création et organisation du Centre d'Amélioration génétique de Dahra.

✦ L'entreprise africaine frugale et agile : La théorie des organisations revisitée. CAUSSE, GENEVIÈVE ; BIWOLÉ-FOUDA, JEAN

**Enquêtes :**

✦ Agence nationale de la statistique et de la démographie : situation économique et sociale du Sénégal 2017-2018

**Articles :**

✦ Jan 24, 2004 (Le Soleil / AllAfrica Global Media via COMTEX)

✦ Journal officiel Le Soleil du 18 Novembre 2016

✦ Agence de Presse Sénégalaise, 15 octobre 2019 – APS APSFR French © 2019

✦ Journal officiel Le Soleil du 29 janvier 2018

✦ Agence de Presse Sénégalaise, 29 novembre 2021

**Sites internet :**
✦ http://intranet.isra.sn/aurifere/opac_css/

✦ https://www.fao.org/senegal/fr

✦ https://www.ansd.sn/index.php?option=com_rapports&view=rapports&Itemid=411

✦ Nouvelle Minoterie Africaine :
https://nmasanders.com/produits/

✦ Groupe Sedima : http://sedima.com/produits-et-services/